LES
FILS D'ARPAD

ÉTUDE HISTORIQUE,

PAR GERMAIN-SARRUT

ANCIEN REPRÉSENTANT DU PEUPLE

AUTEUR DE LA BIOGRAPHIE DES HOMMES DU JOUR
(12 vol. in-4° à double colonne)

du Complément à l'Histoire de France d'Anquetil
(Fort vol. in-4° à double colonne)

ET

DU PARIS PITTORESQUE
2 vol. in-4°

DEUXIÈME ÉDITION.

PARIS
CHEZ DENTU, LIBRAIRE
GALERIE D'ORLÉANS, 13.

—

1861

LES FILS D'ARPAD

Paris. — Imprimerie Parisienne. — MARCHAND frères et comp^e, rue d'Enghien, 14.

LES
FILS D'ARPAD

ÉTUDE HISTORIQUE,

PAR GERMAIN-SARRUT

ANCIEN REPRÉSENTANT DU PEUPLE

AUTEUR DE LA BIOGRAPHIE DES HOMMES DU JOUR

(12 vol. in-4° à double colonne)

du Complément à l'Histoire de France d'Anquetil

(Fort vol. in-4° à double colonne)

ET

DU PARIS PITTORESQUE

2 vol. in-4°

PARIS

CHEZ DENTU, LIBRAIRE

GALERIE D'ORLÉANS, 13.

1861

Jérusalem !

(*Cri de guerre d'André II de Hongrie*)

Croy salve tretous.

(*Devise des descendants d'André II.*)

Sanguis Regum hungariæ.

(*Légende des Crouy-Chanel.*)

C'est le sang hungarick qui a fiché sa race
Au royaume des Francs où il a trouvé place.

(*Poésies du dix-septième siècle sans nom d'auteur.*)

Nos descendonos de reyes, si no los reyes de nos.

(*Devise des Lara.*)

At genus immortale manet, multos que per annos
Stat fortuna domus, et avi numerantur avorum.

(VIRGILE, *Géorg.*)

Quæ vos a stirpe parentum
Prima tulit tellus œadem vos ubere læto
Accipiet redaces, antiquam exquirite matrem.

(VIRG., *Enéide.*)

Frères d'un même sang, voici l'heure de la Fraternité!

V. ALEXANDRI,
Poète roumain.

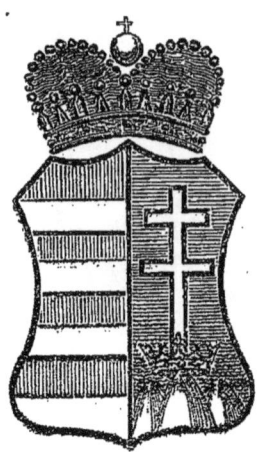

SCEAUX

DE LA MAISON DE HONGRIE

CROUY-CHANEL

à diverses époques.

NOTE DE L'ÉDITEUR.

Deux mille exemplaires de ce travail historique et héraldique épuisés en peu de jours, disent assez que le sentiment des études historiques n'est pas éteint parmi nous.

Une seconde édition est devenue indispensable pour répondre aux nombreuses demandes qui nous arrivent de l'étranger ; nous livrons donc de nouveau le manuscrit à la composition, sans modifications en ce qui est le fond du travail, mais avec quelques déplacements, quelques retranchements dans les annotations et quelques légères additions accessoires, qui permettront de mieux apprécier la portée de l'ouvrage et le personnage représentant actuel de cette longue lignée de fils de rois, le chef d'armes actuel de la famille, M. Auguste de Hongrie, prince de Crouy-Chanel, sans contredit l'un des types les plus *originaux* de notre époque, où la société, en général, paraît jetée au même moule.

QUELQUES MOTS PRÉLIMINAIRES.

Adversaire prononcé des priviléges, et principalement des priviléges héréditaires, pardessus tout démocrate pratique, je n'en professe pas moins un respect religieux pour *la famille*, pour cette transmission du nom qui lie les générations entre elles par une solidarité de sentiments et d'honneur.

Plus la démocratie sera pénétrée de ce respect, plus elle sera forte, car de ce respect naîtra l'affection fraternelle avec sa puissance de dévouement et d'abnégation.

Le sentiment de la famille deviendra la source de la solidarité entre les apparentés qui, en général, constituent, pour la majeure partie, *la commune, le clocher*, dont l'agglomération constitue *le pays, la nation,* dont tous les membres, tous les fils doivent être solidaires.

Puis nous élevant vers l'unité divine, nous nous grandirons jusqu'à la fraternité de l'Évangile, — le sentiment fraternel, le dévouement, l'abnégation pour l'humanité.

Depuis bientôt quarante ans je n'ai point écrit une ligne en dehors de ces pensées, en contradiction avec ces principes.

Ce n'est donc pas sous une impression de tendance aristocratique que je prends aujourd'hui la plume pour établir les TITRES, les DROITS d'une famille TOMBÉE à se dire fille directement issue de ces rois Huns, dont le terrible chef se proclamait, lui-même, *le Fléau de Dieu* et *le Marteau du monde* (1).

Il y a plus de quarante ans, un procès héraldique (2) entre divers Croï, Croy, Crouy (3), servit de distraction à la malignité publique et au scepticisme révolutionnaire. — J'étais jeune alors; j'étudiais l'histoire dans ses grands faits, dans ses grands blocs et dans ses détails; — j'épluchai ce détail; je trouvai dans ce procès plus d'un enseignement.

Dix-huit ans plus tard (1837), je publiais un grand travail sur les mœurs de l'époque, il se résume en

(1-2-3) Voir les Notes préliminaires, pages 25, 28, 32.

12 volumes in-4° de *biographies* dites *des hommes du jour*; le souvenir du procès héraldique me revint en mémoire.

Depuis 1821, le nom de l'un des membres de cette famille, qui garde son cri de guerre : *Jérusalem!* et a écrit pour devise sur son écusson : *Sanguis regum hungariæ*, le nom de M. *Auguste* DE HONGRIE, qualifié *marquis de* CROUY-CHANEL, avait eu, en plusieurs occasions, un certain retentissement..... Je m'octroyai le droit de faire comparaître à ma barre celui qui le portait :

« Au milieu des agitations de notre siècle, » dis-je dans le t. III, 2e partie de la *Biographie des hommes du jour*, p. 357, « beaucoup d'hommes, qui se
» distinguent par une grande aptitude aux affaires,
» et dont l'activité habile semble avoir sans cesse
» besoin d'aliments nouveaux, songent à se créer,
» en dehors du monde officiel, qui leur est fermé
» par diverses circonstances, une position conforme
» au génie dont ils sont doués. De ces hommes har-
» dis et entreprenants, les uns arrivent au pouvoir
» et à la fortune, les autres, après avoir étonné le
» public par des succès éclatants, rentrent tout à
» coup dans l'obscurité et l'oubli. Mais c'est un spec-
» tacle digne d'attention que celui que présente la
» lutte de ces esprits indépendants avec la supersti-
» tion des formes et des habitudes routinières du
» pouvoir. » Et je scalpelisai la vie de l'homme qui m'avait inspiré ces réflexions.

Bientôt après, 1839, son nom se trouva mêlé à un grand débat politique et appela l'attention de toute la diplomatie de l'Europe.

Autour de ce nom, il y eut un grand *déni de justice* (1). — Nous reprîmes la plume, mon collaborateur et moi, et consacrâmes une nouvelle étude (t. V, 2ᵉ partie, *Biographie des hommes du jour*) à ce personnage, avec d'autant plus de zèle et de dévouement que, par une coïncidence *fortuite*, nous nous étions trouvés personnellement atteints par ce *déni de justice*.

Dix ans plus tard, la monarchie du *quoique* ou *parce que* Bourbon était disparue ; j'avais l'honneur d'être membre de la représentation nationale, je joignis mes efforts à ceux du *spolié* de 1840 pour demander, non pas réparation, mais justice.

Nos démarches actives furent impuissantes, et malgré le retentissement qui leur fut donné dans la séance de l'*Assemblée constituante* du 6 janvier 1849, elles restèrent infructueuses.

Depuis près de vingt-cinq ans, je n'ai pas perdu

(1) Voir aux pièces justificatives l'article spécial intitulé : *Déni de justice*.

de vue le chef d'armes de la famille, de la véritable famille des Arpad, j'ai été témoin de toutes ses tristesses, confident de toutes ses douleurs.

Et c'est pour cela que je reprends aujourd'hui la plume pour coordonner tous les matériaux de ce grand procès *de filiation*, et que je viens dire aux contemporains et à l'histoire : le sang d'Attila et de Saint Etienne de Hongrie n'est pas tari, LES FILS D'ARPAD EXISTENT, répétant, après trente ans, les paroles prononcées dans la cause par un honorable avocat, M. Alexandre Guillemin : « N'est-il pas
» dans les vues de la divine Providence de laisser
» ainsi épars sur la terre quelques restes des races
» royales pour rappeler nos pensées à des couronnes
» plus durables? Et la première scène d'une sublime
» révélation ne s'ouvre-t-elle pas en nous faisant
» reconnaître dans un simple artisan le vénérable
» descendant d'une foule de rois. »

GERMAIN-SARRUT.

POST-SCRIPTUM POUR CETTE DEUXIÈME ÉDITION.

On a fait autour de cette *étude historique* plus de bruit que je ne la supposais susceptible d'en exciter!

On m'a prêté des visées auxquelles je n'avais pas songé !

Les républicains formalistes ont blâmé cette publication.

Quelques monarchistes ont cru à un revirement dans mes sentiments !!! Ils me connaissent bien mal.

Ceux-là seuls me jugent avec justice, qui disent qu'une pensée RÉVOLUTIONNAIRE SOCIALE dirige ma plume *en toutes circonstances.*

Je crois le temps des *luttes politiques* accompli ?

Je le croyais en 1848. Je n'ai pu faire partager mon impression à d'anciens et loyaux coreligionnaires, à des amis qui se montrèrent plus soucieux de la forme que du fond.

Pour moi, la pensée du jour était dans ce mot des ouvriers : « Nous avons trois mois de misère au service de la république. »

Ils ne furent pas compris.

Les *ouvriers socialistes* voulaient une révolution *sociale !*

Les meneurs du jour, les formalistes de l'école d'Armand Carrel, auxquels se rallièrent Armand Marrast et le général Cavaignac et leurs dévoués, les uns et les autres républicains arriérés, plus conservateurs qu'ils ne le pensaient, voulaient une révolution *politique.*

De ce malentendu, sortirent, quelques intrigues aidant, la journée du 15 mai, la dissolution violente et inopportune des ateliers nationaux et enfin la lutte à jamais déplorable de juin et ses fratricides conséquences.

. . . .

Depuis lors de grands et graves événements se sont accomplis ;

La révolution sociale a-t-elle progressé ?

Je réponds Oui ! de toute l'ardeur de ma conviction, de toute la franchise de mon caractère ;

Le fait s'accomplit logiquement en dehors des principes, *contradictoires à la superficie*, qui ont été posés.

Il en sera de même en Hongrie.

Qu'elle s'émancipe d'abord, qu'elle conquière son autonomie, et puis, si pour se constituer il lui faut la forme monarchique, pourquoi ne ferait-elle pas appel au véritable droit constitutif des nations, au vote universel, et pourquoi ne releverait-elle pas le drapeau national, l'étendard de saint Étienne, la bannière qu'André II fit flotter sur les murs de Jérusalem ?

Les fils d'Arpad ne sont pas des prétendants !

Il n'y a pas de prétendants là où le peuple dispose de la couronne par son vote.

Les fils d'Arpad n'ont pas des droits à faire valoir, mais ils ont, eux aussi, un nom glorieux à présenter au scrutin de l'urne électorale.

Chez un peuple imbu des idées monarchiques, alors même qu'un nom ne donne plus un droit, il peut être un titre.

Ceci est l'affaire des Comices.

Nous n'avons, nous, aucune initiative à y apporter.

Plusieurs journaux ont rappelé, les uns dans une pensée peu bienveillante, les autres sous l'impression visible d'un sentiment sympathique, que le premier dans la presse militante *j'avais posé* (en 1831-32-33), *dans la* Tribune, *une candidature présidentielle ou consulaire qui est devenue impériale.* — Oui certes ! le fait est positif. — Louis-Philippe n'était pas une affirmation ; il était un résultat de négations. Deux hommes d'État l'avaient défini et flétri en deux mots avec une écrasante vérité : — Quoique ou parce que Bourbon. —

Quoique ! C'était la concession faite par la révolution ; c'était la négation du principe de légitimité.

Parce que ! C'était la concession faite par le partisan de la légitimité ; c'était la négation du principe révolutionnaire !

Louis-Philippe a vécu dix-huit ans en se balançant sur ces deux négations — qui n'ont pu valoir une affirmation.

Tout pouvoir qui n'affirme point un principe ne saurait être viable et se perpétuer ; tout comme tout pouvoir qui nie, à la pratique, le principe affirmé qui a été sa raison d'être, ne saurait durer... Il commet envers lui-même un véritable suicide.

Les gouvernements ne périssent *jamais* par exagération de leur principe, ils périssent *toujours* par abstention ou par confusion.

Louis-Philippe représentait le *détritus* du scepticisme voltairien, mais il n'a su rien affirmer...... rien, que le matérialisme immoral de son époque ; et c'est ainsi qu'il a justifié les paroles sévères du R. P. Ventura, qui lui écrivait en août 1847, dans une note envoyée par l'entremise du prince de Crouy-Chanel (voir mon ouvrage *Suite à l'histoire de France d'Anquetil de* 1792 *à* 1849) : « ....
» ..... il (Louis-Philippe) dépouille lui-même ses
» descendants de toute raison publique de lui suc-
» céder ; sa couronne, qu'on l'entende bien, n'ira
» pas retrouver la tête du comte de Paris pour s'y
» reposer ; à sa mort on ira, au contraire, deman-
» der compte à ses enfants de l'abaissement de

» l'honneur et de l'influence française sur tous
» les points du globe; des innombrables millions
» gaspillés, dévorés, ou ensevelis sous terre; de la
» corruption la plus éhontée érigée en moyen de
» gouvernement; . . . .
» . . . comme ils ne pourront rien offrir en com-
» pensation de ces maux dont la responsabilité et la
» honte retomberont sur eux, on les éconduira avec
» moins d'égards, peut-être, qu'on n'en a eu pour le
» duc de Bordeaux;

» Louis-Philippe sera le premier et le dernier roi
» de sa dynastie !

» Il ne lèguera à ses enfants qu'un nom que rien
» de noble, de généreux, de juste et de véritable-
» ment grand aurait recommandé et que bien de
» honteux souvenirs auront flétri; il passera sur la
» terre en ne laissant après lui qu'une trace de
» boue. . . . . »

Comme le R. P. Ventura, j'étais pénétré de cette vérité que Louis-Philippe n'affirmait rien, n'osait rien affirmer; je ne craignis pas dans une circonstance solennelle où j'eus l'honneur de parler à ce nouveau chef d'Etat au nom du département de l'Arriége, dont je présidais la députation (septembre 1830), je ne craignis pas de parler du VOTE UNIVERSEL; mais ce nouveau droit public ne pouvait convenir au PARCE QUE BOURBON; dès lors je crus que la France devait se souvenir de ses précédents plébicites et ainsi que le rappellent le *Pilote de la Somme*, le *Progrès international de Bruxelles* et autres journaux, je posai, ou mieux proposai, une candidature PRÉSIDENTIELLE OU CONSULAIRE.

Le vote du 10 décembre 1848 dit si je m'étais mépris.

Cette candidature est devenue IMPÉRIALE! Que chacun des hommes qui ont figuré dans les événements de 1848 à 1851 mette la main sur sa conscience et dise si, en présence de la situation, en présence des faits accomplis, un coup d'État par la droite, par la gauche ou par le pouvoir n'était pas devenu inévitable.

Depuis que LA CONSTITUANTE, mentant à son origine, violant son principe, avait porté la main sur l'intégrité du principe constitutif de la république... LE VOTE UNIVERSEL!. Depuis qu'elle avait admis la possibilité du suffrage restreint, en multipliant les incapacités, le peuple — tout le monde — avait cessé d'avoir foi en elle.

Chacun avait le sentiment de ce délaissement, et il suffit d'une proposition formelle de désertion (la proposition Rateau-Lanjuinais) pour qu'elle obtempérât à cette espèce d'injonction et prononçât elle-même sa propre dissolution.

Son héritière, LA LÉGISLATIVE, ne sut pas reconquérir la confiance publique, ses membres furent trop scrupuleusement légiféreurs et pas assez citoyens. — La loi dite du 31 mai, relative aux éleclections, fut une tentative hardie et criminelle contre le principe du droit public nouveau ;

Dès lors un coup d'Etat, un triple coup d'Etat, venant des trois angles du triangle devait être prévu. — Il l'était.

Il y avait triple volonté d'action pour arriver à la violation de la Constitution, qui n'était pour tous qu'une lettre morte. — Nier cet état des esprits, c'est nier l'évidence.

Le 2 décembre ne surprit que les niais (1).

J'accepte donc comme un éloge pour mon intelligence politique ce souvenir réveillé, n'importe avec quelle pensée, que le premier j'ai posé la candidature présidentielle d'un Bonaparte.

Strasbourg et Boulogne ont bien autrement ébranlé le trône de Louis-Philippe, AUX YEUX DE L'EUROPE, que les massacres de la rue Transnonain ou les fusillades de Saint-Méry.

Je le répète après trente ans :

---

(1) Je crois qu'il est en quelque sorte superflu de dire que je me borne à établir pourquoi *une journée* était devenue inévitable ;

Je n'ai point ici à émettre un avis quelconque sur les moyens adoptés pour la réussite de la tentative et encore moins sur les proscriptions et sur les déportations qui en ont été la suite et en quelque sorte la conséquence.

Comme historien ou comme mémorialiste, je dirai un jour mon sentiment à cet égard. — Aujourd'hui, je ne parle que des faits qui ont précédé la journée du 2 décembre, et je le fais avec toute liberté d'appréciation et toute indépendance de sentiments et de pensées.

D'une part — l'héritier de l'empire ne tenant aucun compte des droits que les plébicites antérieurs pouvaient lui avoir créés et affirmant les droits du peuple de se prononcer à nouveau;

D'autre part — le vote populaire affirmant un Bonaparte, c'était là, pris à tous les points de vue, le plus vrai corrosif, j'ai presque dit le seul corrosif de la famille qui n'affirmait rien, et aussi du principe dit *de droit divin*, qui est la négation du droit public que la révolution française a de nouveau exhumé et qui sera devenu avant peu le droit public du monde entier.

Cette explication donnée, je laisse à chacun le droit et le soin d'apprécier mes idées comme il l'entendra; mais du moins on voudra bien reconnaître que je suis demeuré fidèle à ma doctrine et à mes sentiments, que j'ai conservé en toute circonstance mon entière indépendance.

On m'a reproché d'avoir parlé longuement et sans nécessité à propos DES FILS D'ARPAD, c'est-à-dire hors de propos; d'avoir, dis-je, trop parlé du DÉNI DE JUSTICE dont le prince de Crouy-Chanel et avec lui *ses complices* (qu'il est inutile de nommer) furent victimes en 1839-1840. — Je ne reconnais pas la justice de ce reproche, alors que satisfaction ne nous a pas été donnée; l'animosité des spoliateurs est bien demeurée acharnée contre la victime, pourquoi le mépris accusateur et vengeur serait-il moins tenace ?

On a prétendu qu'en écrivant LES FILS D'ARPAD j'avais eu la pensée de *réveiller en Hongrie le sentiment national*, et, selon la méthode de l'illustre O'Connel, d'agiter ce pays et de compromettre le trône des desendants d'Habsbourg;

POURQUOI PAS?

NOTES DES MOTS PRÉLIMINAIRES

NOTE PREMIÈRE

ATTILA — ARPAD

On lit dans un ouvrage héraldique publié en 1790, sans nom d'auteur, mais généralement attribué à don Poirier, l'un des hommes les plus savants de l'ordre des Bénédictins : « Tous ceux qui
» ont écrit l'histoire de Hongrie, s'accordent à faire descendre la
» maison de saint Etienne, premier roi chrétien de la Hongrie,
» d'Attila, roi des Huns, qui fut surnommé le fléau de Dieu. »

Il résulte, en effet, de la filiation établie d'après les auteurs les plus estimés qui ont écrit sur l'histoire de Hongrie, Thwrocz, Ranzan, Pistorii, etc., etc., des chartes originales, et *de l'art de vérifier les dates*, l'un des guides les plus certains, qu'Attila (Ateula), fils de Mundiuque (Moundzouk), devint le successeur de Rouas ou Rugilas (Rajlas), son oncle, mort en 433 ou 434 (ce manque d'accord entre les divers historiens, provient de la différence dans la supputation des années, en plaçant le 1er mois en janvier ou en mars); Bléda ou Buda, frère d'Attila, partagea d'abord avec lui l'autorité; en 444, Attila le fit assassiner pour régner seul; environ dix ans plus tard, quoique d'un âge avancé et ayant de nombreux enfants, il épousa *Hildgunde,* fille d'*Errick,* roi de Bourgogne, et fut assassiné par cette princesse la première nuit de ses noces (voir entr'autres du Buat, *histoire ancienne des peuples d'Europe,* V, 545, 588.) Selon d'autres écrivains, il succomba à une hémorragie naturelle dans les bras de sa jeune fiancée, qu'ils nomment Ildico.

Sa succession fut partagée et disputée entre ses fils ;

Ardarick roi des Gépides, les défit et s'empara de l'autorité souveraine ;

Ceux des fils d'Attila qui échappèrent au massacre, se sauvèrent avec leurs soldats vers la mer Noire :

« Sans prétendre éclairer, dit don Poirier, ce que l'éloignement
» des siècles et la barbarie des temps peuvent avoir laissé de dou-
» teux dans cette succession, nous nous contenterons de dire que
» c'est une tradition aussi ancienne que le royaume de Hongrie,
» qui est reçue et accréditée chez toutes les nations de l'Europe,
» qu'Attila est la tige de la maison de saint Etienne. » L'histoire nous signale entr'autres — avec la variante des orthographes — comme issus d'Attila et ayant commandé ces hordes vagabondes de Huns et de peuplades guerrières, *chaba, ed, ugeg, eleud,* et nous conduit au milieu du huitième siècle, où apparaît *Almos* (Almus, Salmut) qui, à la tête de ses Magyars (Madjars), conquiert la Pannonie et lui donne le nom de Hongrie.

A cette époque ces migrations d'Asie, formant sept tribus, arrivèrent, sous la conduite de sept chefs ou commandants, obéissant à un chef principal. — Ce chef principal *Almos,* se proclame lui-même héritier d'*Attila* et confirme ses droits par la victoire.

A *Almos* succède son fils ARPAD (Harpad), que quelques auteurs qualifient de duc de Hongrie, et qui règne sur à peu près un million de Magyars. Ce règne fut très-prolongé.

C'est cet ARPAD, qui a donné son nom à la famille de *saint Etienne et d'André le Jérosolymitain.*

Arpad eut pour successeur son fils *Zulta,* ou Zoltan et pendant une série de vingt-deux rois, le sceptre demeura régulièrement dans cette famille, souvent disputé entre frères, oncles et neveux, mais sans tomber dans les mains des rois voisins. Les fils d'Arpad, au contraire, portent le ravage en Allemagne, en Russie, en Italie et dans la France orientale.

Dans cette série de rois on distingue *Toxun* ou Toxis, prince législateur qui ouvre l'accès de ses États aux étrangers; *Bela I*ᵉʳ, petit-fils de Toxun (son père, Ladislas, mourut avant Toxun); Bela Iᵉʳ eut pour tuteur Michel, second fils de Toxun, qui protégea sa jeunesse et lui sauvegarda la couronne.

Au dixième siècle l'histoire signale *Geiza*, qui reçoit le baptême et auquel succède *Etienne*, qui convertit les Magyars à la foi chrétienne; le pape Sylvestre II, lui fait don d'une couronne royale et en même temps lui octroie le titre de *roi apostolique*, que les empereurs d'Autriche portent encore aujourd'hui; c'est ce monarque que l'Eglise a honoré plus tard du nom de Saint.

« Nous avons été les premiers, dit don Poirier dans l'ouvrage que
» j'ai cité, à observer qu'il peut se trouver des lacunes entre Attila et
» Almus; mais depuis Almus jusqu'à nos jours la filiation paternelle
» est établie par une suite de preuves si authentiques et si nom-
» breuses qu'elles ne laissent rien à désirer. Nous croyons encore
» devoir rappeler ce que nous avons déjà dit, c'est que c'est une
» tradition reçue et accréditée chez toutes les nations, que les anciens
» rois de Hongrie descendent d'Attila. »

Après saint Étienne, le sceptre appartient successivement à *Salomon*,

A *Ladislas*,

A *Coloman* (Kalman) le *Bibliophile*,

A *Étienne II*,

A *Geiza II*,

A *Étienne III*,

A *Bela III*, qui épousa en 1185 *Marguerite de France, fille de Louis VII dit le Jeune, sœur de Philippe-Auguste et grand'tante de Saint-Louis.*

Son fils aîné *Emeric* lui succéda; ce prince légua sa couronne à son fils *Ladislas*, après la mort duquel elle échut à son oncle *André II* dit le *Jérosolomitain*, frère cadet d'Emeric. (*Voir pour la suite de la filiation le tableau joint au rapport de M. le conseiller d'Etat Langlais, dont j'aurai occasion de parler dans le cours de ce travail et aussi le tableau spécial que je consacre à établir l'historique de la succession à la couronne d'André II à André III qui en fut dépossédé.*)

NOTE DEUXIÈME.

PROCÈS HÉRALDIQUE

Il s'agissait d'une question de propriété d'armoiries.
Voici le sommaire des faits :

A la suite d'une procédure instruite entre l'aïeul et le grand-oncle du comte de Croy-Chanel, d'une part, et le procureur-général près la Chambre des Comptes du Dauphiné, d'autre part, il avait été rendu, le 26 mars 1790, un arrêt par lequel cette Chambre des comptes avait déclaré que MM. de Croy-Chanel avaient suffisamment prouvé leur descendance en ligne *directe, masculine et légitime*, de FÉLIX DE HONGRIE, dit CROY ou CROUY-CHANEL, arrière-petit-fils d'ANDRÉ III, roi de Hongrie. — L'arrêt avait ordonné que les titres et actes produits par MM. de Croy-Chanel, ainsi que la requête par eux présentée, seraient enregistrés au greffe de ladite Chambre, sur les originaux, à l'effet de constater leur origine et leur descendance, et de jouir, par eux et leurs descendants, des droits, honneurs, privilèges de noblesse et armoiries résultant desdits titres et actes, lesdites armoiries *d'argent et de gueules formant huit pièces*, avec défense à toutes personnes de les troubler dans lesdits droits et possession ; et que ledit enregistrement fait, il serait délivré à MM. Croy-Chanel expédition desdits titres, actes et requête et de l'arrêt.

Un second arrêt du 12 juin suivant, également rendu contradictoirement avec M. le procureur général, avait donné acte à MM. de Croy-Chanel d'une nouvelle production de titres par eux faite, et avait ordonné que ces titres seraient enregistrés, pour ne faire tous ensemble et avec le premier arrêt qu'un seul et même corps de preuves de leur descendance *des rois de Hongrie*.

Un décret du 6 novembre 1809 avait donné à M. de Croy-Chanel, qui était alors chambellan de l'empereur, le titre de comte, et le 3 décembre suivant, il lui avait été délivré des lettres-patentes de ce titre, sous son nom de CROY-CHANEL DE HONGRIE, *avec les anciennes armes de sa famille, d'argent et de gueules de huit pièces.*

Les armes de MM. Croy-d'Havré étaient d'argent, à trois fasces de gueules, formant sept pièces. Ils les quittèrent et prirent, par usurpation, celles de la maison de Croy-Chanel, qui indiquent la descendance des rois de Hongrie, et qui sont d'argent, à quatre fasces de gueules, formant huit pièces.

Le comte de Croy-Chanel forma, contre MM. Croy-d'Havré, une demande tendante à ce qu'il leur fût fait défense de prendre et porter ses armes. Il produisit, à l'appui de sa demande : 1° les deux arrêts rendus par la Chambre des comptes en 1790 ; 2° l'expédition délivrée, en exécution de ces arrêts, par le greffier de la Chambre des comptes, des quatre-vingt-trois titres qui avaient alors été représentés ; 3° le décret et les lettres-patentes de 1809.

MM. de Croy-d'Havré prétendirent que c'étaient eux qui descendaient des rois de Hongrie, et qui avaient droit de porter les armes indicatives de cette descendance. Ils demandèrent reconventionnellement qu'il fût fait défense au comte de Croy-Chanel de porter ces armes, et même de prendre le nom de Croy.

Le 26 août 1820, jugement du tribunal de la Seine qui déclara le comte de Croy-Chanel non-recevable dans sa demande, et qui, sur la demande reconventionnelle de MM. Croy-d'Havré, ordonna, avant faire droit, que les parties se retireraient devant M. d'Hozier, généalogiste.

Appel par le comte de Croy-Chanel.

Appel incident par MM. de Croy-d'Havré.

Le 12 mai 1821, arrêt de la Cour royale de Paris.

Cet arrêt rejette les arrêts de 1790, en disant que la Chambre des comptes de Grenoble ne réunissait point les attributions de la Cour des aides, lesquelles étaient passées au Parlement de Dauphiné ; que sur toute espèce de demande principale, relative à la propriété des noms et armes entre particuliers, la compétence des parlements était exclusive ; et que les arrêts de la Chambre des comptes n'ayant pu juger des contestations dont la décision pouvait préjudicier à des tiers, ne pouvaient pas être opposés à MM. Croy-d'Havré. — La Cour royale écarta également de la cause l'expédition délivrée par le greffier de la Chambre des comptes des quatre-vingt-trois titres dont l'enregistrement avait été ordonné par cette Chambre. Elle dit que cette expédition ne suppléait point à la production de titres authentiques. En conséquence, elle confirma la partie du jugement de première instance qui avait déclaré le comte de Croy-Chanel non-recevable dans sa demande tendante à ce qu'il fut fait défense à MM. de Croy-d'Havré de porter les armes de la Maison royale de Hongrie.

Statuant sur la demande reconventionnelle de MM. de Croy-d'Havré, la Cour fait défense au comte de Croy-Chanel de prendre à l'avenir le nom de Croy, attendu que plusieurs de ses auteurs ne l'ont pas porté.

Mais considérant que les armes paternelles et patrimoniales de MM. Croy-d'Havré ont toujours été d'argent, à trois fasces de gueules, formant sept pièces, et qu'ils ne prouvaient point descendre des rois de Hongrie, la Cour les déclara non-recevables dans leur demande tendante à ce qu'il fût fait défense au comte de Croy-Chanel de porter les armes d'argent à quatre fasces de gueules formant huit pièces.

Le comte de Croy-Chanel se pourvut en cassation contre cet arrêt; il proposa trois moyens :

PREMIER MOYEN. Contravention aux ordonnances des 26 mars 1555 et 29 juillet 1760, qui veulent que les armoiries *enregistrées* soient *patrimoniales et héréditaires*.

Les armoiries dont il s'agit avaient été enregistrées à la Chambre des comptes, au nom de la famille Croy-Chanel, en vertu des deux arrêts de 1790. Elles étaient donc pour cette famille une propriété *patrimoniale et héréditaire*, et lorsque le comte de Croy-Chanel demandait qu'il fût fait défense à M. de Crouy-d'Havré de les porter, sa demande devait être accueillie.

Vainement la Cour royale avait-elle objecté que la Chambre des comptes était incompétente pour prononcer sur une demande principale relative à la propriété des armes entre particuliers.

D'abord, les arrêts de 1790 n'avaient point prononcé sur une question de propriété d'armes entre particuliers. Rendus avec le procureur général du roi, ils avaient ordonné l'enregistrement des titres que MM. de Croy-Chanel avaient produits et qui étaient reconnus *prouver suffisamment leur descendance des rois de Hongrie, et leur droit à la propriété des armes indicatives de cette origine, et à la jouissance des honneurs et priviléges de noblesse qui en résultaient*. Il n'y avait aucune contestation entre particuliers au sujet de la propriété de ces armes ; aucun individu ne la contestait à MM. de Croy-Chanel. Il n'y avait pas à prononcer sur des intérêts privés, mais seulement des vérifications à faire dans l'intérêt public, auquel le procureur-général était chargé de veiller. C'était bien à la Chambre des comptes qu'il appartenait de procéder à cette vérification, de reconnaître et déclarer les droits qui résultaient des titres produits, et d'en ordonner l'enregistrement à son greffe.

En second lieu, MM. de Croy-d'Havré, ayant été déclarés sans droit à la propriété des armes dont il était question, se trouvaient sans qualité pour arguer les arrêts de 1790, soit d'incompétence, soit de tout autre vice. Que ces arrêts eussent été rendus complètement ou incomplétement, régulièrement ou irrégulièrement, peu importait à l'égard de MM. de Croy-d'Havré, qui n'y avaient pas été parties et n'avaient pas dû y être appelés, et qui n'avaient, ainsi que l'avait reconnu la Cour royale, aucune prétention légitime à élever sur les armoiries dont il s'agissait.

DEUXIÈME MOYEN. Violation des articles 1317 et 1335, qui renouvellent les anciens principes sur le caractère de l'authenticité des actes.

Outre les deux arrêts de la Chambre des comptes, M. de Croy-Chanel produisait l'expédition délivrée par le greffier de la Chambre en vertu des deux arrêts, du registre sur lequel avaient été transcrits, encore en vertu des mêmes arrêts, les quatre-vingt-trois titres qui avaient été représentés en 1790, et qui établissaient son droit héréditaire *aux armoiries d'argent et de gueules de huit pièces*, et sa généalogie dans une série ascendante de vingt-deux générations, jusqu'à André II, roi de Hongrie, dont l'arrière-petit-fils, Félix de Hongrie, et presque tous les descendants avaient porté le nom de Croy.

La Cour royale avait néanmoins dit que le comte de Croy-Chanel ne produisait aucun titre authentique. Ainsi elle avait méconnu les caractères de l'authenticité dans l'expédition délivrée par un greffier, des actes contenus dans les registres de son greffe, en exécution d'arrêts rendus par la Cour souveraine, près de laquelle il exerçait ses fonctions.

TROISIÈME MOYEN. Contravention à l'article 14 du décret du 1er mars 1808, à l'article 11 du décret du 3 mars 1810, et à l'article 71 de la Charte constitutionnelle.

— 32 —

Devant la Cour royale, on produisait, avec les titres anciens dont il vient d'être parlé, le décret et les lettres-patentes de 1809, qui avaient donné à M. *de Croy-Chanel de Hongrie* le titre de comte. *avec des armoiries d'argent et de gueules de huit pièces*, LES MÊMES QUE CELLES QUI AVAIENT TOUJOURS APPARTENU A SA FAMILLE.

Aux termes de la Charte, qui portait que la noblesse ancienne reprenait ses titres et que la nouvelle conservait les siens, les lettres-patentes de 1809 s'opposaient à ce qu'on pût contester au comte de Croy-Chanel aucun des noms qu'il portait, et méconnaître en lui le droit d'empêcher l'usurpation de ses armoiries par MM. Croy-d'Havré ou tous autres.

Voilà le résumé de l'affaire.

La chambre des requêtes de la Cour de cassation, en rejetant le pourvoi du comte de Croy-Chanel, le 25 février 1823, considéra, en *termes formels*, que l'arrêt du 12 mai 1821 laissait le demandeur, A CET ÉGARD, *dans l'état et possession où il était avant ledit arrêt*.

En un mot, les ARMES DE HONGRIE étaient laissées à la famille appelante qui en établissait pour elle la propriété PATRIMONIALE ET HÉRÉDITAIRE et *déniées* à MM. d'Havré et de Solre.

NOTE TROISIÈME.

VARIANTE DES NOMS CROI, CROY, CROUY, ECT.

Ces variantes de noms ne surprennent point les personnes qui étudient les époques antérieures à la constitution moderne de la société. Les fils d'Arpad sont connus indifféremment sous ces trois orthographes de leur nom et aussi sous celui de CHANEL avec de nombreuses modifications. Mais qu'on veuille bien le remarquer, les armoiries de cette famille n'ont point varié, et je dirai avec La

Roque (page 53 de son *Traité des noms*), *que la coutume a duré longtemps que les familles n'étaient connues que par l'écu de leurs armoiries*, et c'est par ce motif que Louis XV rendit son ordonnance du 29 juillet 1760, par laquelle *il fit défense à tout noble, quelque rang qu'il tînt dans l'ordre de la noblesse, de rien changer de ses armoiries, écussons, émaux, etc., et enfin il voulut que les armoiries, réglées et enregistrées, fussent* PATRIMONIALES ET HÉRÉDITAIRES.

Pour ce qui est des variantes de noms, qu'il suffise de rappeler que les Narbonne s'appellent   Pellet;
Les Dubouchage. . . . .   Grattet;
Les Coigny. . . . . . .   Guillote, et, plus tard, Franquetot;
Les Richelieu. . . . . .   Vignerot;
Les Medavy. . . . . . .   Roussel ou Rouxel;
Que les Montmorency ont porté les noms de Marly,
de Vastines,
de Fosseuse,
de Nivelles,
d'Acquest,
de Pailloux, et divers autres.

Pour ce qui est de l'orthographe des *noms propres*, il me suffira, je pense, de citer les diverses variantes par lesquelles est passé, d'une façon si étonnante le nom de Du Guesclin :

Le nom originaire, au plus lointain qu'il soit possible de remonter, fut. . . . . Waglip,
dont on fit. . Gayclip,
ensuite. . . . Guarplic,
puis. . . . . Guerplic, — Guerclin, — Gaesclin, — Gueasquin, et enfin Guesclin.

Ces variations sont si singulières, que si on n'en avait pas la succession sous les yeux, on ne pourrait le croire. (Voir Dupas et le 6ᵉ vol. des *Grands Officiers de la Couronne*, 3ᵉ édition, pages 182 et 183.

On peut citer aussi le nom de *Sassenage*; on trouve dans les vieux titres : *Cassiniacum*, *Cassiniaicum*, *Chassonagium*, *de Chassenazo*, page 17 du 1ᵉʳ vol. de Valbonnais, ou enfin *Cassenaticum*, qui est le plus fréquent; en français, on trouve du *Sassonne* et du *Sassonage* (Guillaume Paradis, *Histoire de Savoie*), ou bien *Chassinage*, *Chassonnaige*, *Chassenage*, et enfin *Sassenage*.

On peut citer les variantes incroyables qu'ont subies en quatre générations les noms fraternels de Girardin et de Fitzgerald pour remonter à leur source primitive.

Qu'on me permette de citer un exemple que j'emprunte à l'excellent travail de M. PROSPER VALLERANGE (pseudonyme, si je ne me trompe, de M. Passard, éditeur de l'ouvrage), sur le PANLATINISME.

« Comme les noms de peuples en général, celui des Vénètes,
» Vénèdes, Vendes ou Vandales a ses variantes.
» Voici celles que nous avons recueillies dans les seuls ouvrages
» de Cyprien Robert, Eichoff et Masselin : Enètes, Hénètes, Vénètes,
» Vanètes, Vénèdes, Gunèdes, Venades, Vinades, Vinides, Vindes,
» Vendes, Vindilles, Vindili, Vindiliciens, Vandales, Vanes, Vaneies,
» Venelaines, Venelasses. »

Je ne pousserai pas plus loin la facile érudition par emprunt ; ces citations suffisent pour établir l'inanité du reproche de *variantes d'orthographe* adressé à la famille de Croy ou Crouy-Chanel.

REVUE RÉTROSPECTIVE

SUR LA

QUESTION DES TITRES NOBILIAIRES

En établissant la monarchie élective, Napoléon Ier eût pu ne point relever l'échafaudage aristocratique des anciennes dynasties ; mais les événements ont leur logique implacable, parce qu'ils obéissent au flux d'action et de réaction des émotions populaires, qui ont toujours leur raison d'être.

Le 18 brumaire, en portant la main sur la représentation nationale, le général Bonaparte fut comme entraîné par le flux de réaction qui poussait la société et qui l'entraîna lui-même, de belle grâce sans doute, mais peut-être moins qu'on ne pense.

Le consulat personnel devait logiquement succéder au triumvirat consulaire ; une grande dictature militaire était la conséquence inévitable du renversement de toutes les libertés.

La république surnageait de nom, mais l'empire pointait à l'horizon.

Empire *électif* sans doute, mais, en définitive, empire *héréditaire.*

Empire ÉLECTIF ! Hommage rendu à la Révolution !

Empire HÉRÉDITAIRE ! Satisfaction donnée au sentiment de réaction monarchique qui entraînait les hautes classes de la société.

La France était lasse d'agitations et ivre de gloire militaire. Un vote national imposa, sanctionna le fait accompli.

La réaction grossit, elle devint torrent... La vieille aristocratie ne craignait plus de reprendre ses anciennes appellations nobiliaires ; les lois répressives étaient inappliquées. — Les nouveaux grands dignitaires souffraient de la ligne de démarcation qui les isolait des *anciens noms !* que le nouvel empereur s'efforçait d'appeler à sa cour, croyant ainsi se rehausser aux yeux de l'Europe.

Le 11 mars 1808 le grand-chancelier Cambacérès porta au Sénat deux STATUTS impériaux qui, selon ses propres expressions, présentaient les *conséquences* et les *développements* des sénatus-consultes constitutifs de l'Empire.

Les titres nobiliaires furent rétablis et rendus héréditaires. — Des majorats furent de nouveau institués ; mais, malgré son énergique volonté, le maître ne put amener que le *contact* : les *anciens noms* résistèrent pour la plupart à toute tentative de *fusion* (1).

Comme dernier hommage ou sacrifice à la Révolution, Napoléon maintint *en vigueur* les diverses lois répressives d'usurpation de titres ; il inscrivit dans l'article 15 du nouveau statut cette phrase menaçante : « Défendons à tous nos sujets *de s'arroger des titres et qualifications* QUE NOUS NE LEUR AURIONS PAS CONFÉRÉS, *etc.*, *etc.* » Mais cet article resta lettre morte ; les contrevenants furent nombreux ; il n'y eut pas un seul exemple de répression, et, en dépit de l'article 259 du Code pénal, la noblesse ancienne reprit ses *titres et qualifications*, et l'on vit, sur tous les points de la France, les parvenus de la finance s'affubler de la particule nobiliaire, et, selon l'expression récente de M. le président Delangle, *les titres nobiliaires furent livrés en pâture à l'intrigue et à la sottise.*

(1) « Les personnes nouvelles que la Révolution avait élevées, dit M. de Las-Cases, *Mémorial de Sainte-Hélène*, t. II, se regardaient sur un terrain qu'elles avaient acquis, les autres sur un terrain qu'elles croyaient recouvrer ; pour l'empereur il ne cherchait dans ce mélange que l'extinction des haines, et la fusion des partis. . . . , . Au moment du mariage de l'impératrice (Marie-Louise), l'empereur fit une recrue nombreuse dans les premiers rangs de l'ancienne aristocratie, à la fois pour montrer à l'Europe qu'il n'existait plus qu'un parti en France et pour entourer l'impératrice de noms qui eussent pu lui être familiers peut-être. . . . »

Napoléon avait dit en 1815 à Benjamin Constant (trop tard) : « Il y a sympathie entre le peuple et moi, ce n'est pas comme avec les privilégiés ; la noblesse m'a servi, elle s'est lancée en foule dans mes antichambres, il n'y a pas de places qu'elle n'ait acceptées, demandées, sollicitées ; j'ai eu des *Montmorency*, des *Noailles*, des *Rohan*, des *Beauvau*, des *Mortemart*, mais il n'y a jamais eu analogie. » (*Minerve française*, 94ᵉ liv., t. VIII, *Deuxième lettre sus les Cent-Jours*, par M. B. Constant.)

Naturellement la Restauration, qui reconnut par la Charte *les droits* des anciens titulaires, en même temps qu'elle maintenait ceux des nouveaux, n'imposa pas de digues à ces vanités bourgeoises, qui furent se multipliant de plus en plus, se posant effrontément *même en face du ridicule*.

La monarchie de Juillet, issue de la violation de tous les droits sociaux, œuvre de parvenus, dut respecter cette tendance, contre laquelle les quasi-dictateurs de Février n'étaient point de taille à s'élever suffisamment.

On sait quel fut le sort de leur décret mort-né.

Vinrent les jours du deuxième Empire.

Napoléon III s'était donné la mission de *relever le principe d'autorité!* il voulut reconstituer la monarchie impériale ; fidèle aux traditions constitutives de 1804 et de 1808, il donna pour base à son trône et à sa dynastie le vote populaire à peu près illimité ; puis, reprenant l'article 15 des statuts de 1808, il déclara par son décret du 8 janvier 1859 que le conseil du sceau des titres était rétabli sous la présidence de S. Exc. le ministre de la justice, qu'il aurait les attributions qui appartenaient au conseil du sceau créé par le décret du 1er mars 1808 et à la commission du sceau établie par l'ordonnance du 15 juillet 1814 ; ajoutant (article 7) que toute personne pouvait se pourvoir *pour provoquer la vérification de son titre par le Conseil du sceau ;* — c'était redonner force et vigueur à l'article 259 du Code pénal, dont le texte venait d'être modifié par la loi du 28 mai 1858, et qui porte en termes exprès : « Sera puni d'une amende de cinq cents francs à

» dix mille francs, quiconque, SANS DROIT et en vue de
» s'attribuer une distinction honorifique, aura publique-
» ment pris un titre, changé, altéré ou modifié le nom
» que lui assignent les actes de l'état civil. »

Ainsi donc :

En nous reportant à ces divers décrets, il appert que le conseil du sceau des titres a été institué, non pas pour JUGER DU DROIT, mais pour donner SON AVIS *sur ce droit invoqué*,

Avis dont les tribunaux peuvent, le cas échéant, ne pas tenir compte ; dès lors, nous ne craignons pas de dire que l'institution est fâcheuse, car elle crée des conflits de juridiction.

Telle est donc, depuis le 8 janvier 1859, la situation de la question sur l'usurpation des titres nobiliaires et non pas sur *l'usurpation de noblesse* comme l'avait dit, malencontreusement, M. le ministre dans son rapport.

Dès 1857, sur un premier rapport de M. Delangle au Sénat, les hautes classes sociales s'étaient émues ; mais l'on ne tarda pas à s'apercevoir que cette législation ressuscitée serait, dans les mains de l'autorité, une arme *ad usum*, dont toutefois elle tenterait rarement de se servir par initiative.

Grand nombre de publicistes avaient pris la plume ; des brochures, à des points de vue divers furent publiées ; on distingua, entre toutes, celle qui avait pour titre : LA NOBLESSE ET LES TITRES NOBILIAIRES *dans les sociétés chrétiennes*, par AUGUSTE DE HONGRIE, PRINCE DE CROUY-CHANEL, *chevalier de Malte et de*

Saint-Louis, commandeur de l'ordre de Grégoire-le-Grand, etc., etc. (Paris, 1857, chez Dentu.) (*Voir aux pièces justificatives* les divers brevets octroyés à M. de Crouy.)

C'était, certes, entrer de prime-saut dans la question; l'auteur, dès la première page, fit observer que tout homme libre est noble de droit : Il n'y a donc pas, dit-il, sous la loi chrétienne *d'usurpateur de noblesse*, il n'y a que des *usurpateurs de titres nobiliaires*, et, pour prouver qu'il ne redoutait aucune investigation relativement au titre qu'il s'arrogeait, à la filiation qu'il invoquait (1), il ne tarda point, d'une part, à présenter

---

(1) Qu'on veuille bien le remarquer : en dehors du procès entre MM. le duc d'Havré et le prince de Solre contre M. le comte de Croï-Chanel de Hongrie, cette filiation a été constamment reconnue, officiellement, par les divers chefs d'État qui se sont succédé sur le trône pontifical et sur le trône de France, ainsi que le prouvent les lettres-patentes du titre de comte données à son chambellan M. Croy-Chanel de Hongrie par l'empereur Napoléon Ier;

Le titre d'admission au grade de colonel donné sous Louis XVIII à M. le prince Auguste de Crouy-Chanel de Hongrie;

Le brevet de chevalier de Saint-Louis, qui lui fut octroyé, en 1816, avec la même qualification;

Les lettres de naturalisation données à Rome à ses deux filles a cause de leur origine royale;

Le brevet de commandeur de l'ordre de Grégoire-le-Grand accordé par le Pape en 1848, toujours avec la même qualification, et l'autorisation de porter les insignes de cet ordre concédée par l'empereur Napoléon III au prince de Crouy.

Enfin, depuis peu, le même fait de reconnaissance de l'origine royale a eu lieu en Autriche, où, ainsi qu'on le verra dans le cours de cette publication, les fils du comte Henry ont été autorisés à porter la croix de l'ordre de Saint-Jean, par rescrit impérial conçu en ces termes, du moins celui que nous avons sous les yeux en expédition officielle : « *Sa Majesté apostolique, impériale et royale, par sa plus*

requête pour être autorisé à porter en France la croix de commandeur de l'ordre de *Grégoire-le-Grand*, et, d'autre part, il provoqua la *vérification* de sa situation nobiliaire par le conseil du sceau.

» haute décision du 22 mars 1860, gracieusement accordé au premier lieutenant
» chevalier William de Crouy-Chanel de Hongrie l'autorisation, SELON SA PRÉ-
» ROGATIVE HÉRÉDITAIRE, de porter la croix d'honneur de l'ordre de Saint-Jean.
» L'accomplissement de ce fait est porté à la connaissance générale, etc., etc. »
(Extrait des Archives du 9⁰ régiment de lanciers impérial et royal, n° 479.)

J'ajouterai que l'*Almanach de Gotha* (édition de 1850), publication qui a un caractère héraldique officiel, renferme un article sur les CROUY ou CROY, dans lequel on lit :

« Cette ancienne famille de comtes descend du roi de Hongrie André III,
» et porte dans ses armes l'écusson hongrois, timbré de la couronne de Hongrie,
» et le surnom de Hongrie ; à la Diète hongroise de 1844, le comte de Crouy fut
» reçu au nombre des magnats hongrois.

» *Première branche* (éteinte dans les mâles).

» François-Claude, comte de Crouy-Chanel, né le 12 juillet 1774, mort le 8 jan-
» vier 1844 ; ancien chambellan de l'empereur Napoléon, marié : 1° à Gabrielle
» d'Aguesseau, fille du général marquis d'Aguesseau ;
» 2° A Marie-Eugénie Rémond de Montmort, fille de Louis-Jean Rémond, mar-
» quis de Montmort, ancien lieutenant des gardes de Louis XVI, et maître de
» camp, etc., etc. : — dont une fille du deuxième mariage, Eugénie-Françoise-Ca-
» roline de Crouy-Chanel, née le 4 décembre 1815, mariée le 7 juillet 1836 à Joa-
» chim-Napoléon, baron de Romeuf, fils de Jacob-Alexandre, baron de Romeuf,
» maréchal de camp, et d'Antoinette Gosselin de Sainterne.

» *Seconde branche.*

» François-Claude-AUGUSTE de Crouy-Chanel, de Hongrie, né le 31 décembre
» 1793, marié à Louise-Rémond de Montmort, sœur d'Eugénie, ci-dessus nom-
» mée (*).

(*) L'article était incomplet, car avant cette époque François-Claude-AUGUSTE de Crouy-Chanel de Hongrie avait épousé en secondes noces Cornélie-Mendez da Costa, d'origine portugaise, dont sont issues les deux filles naturalisées roumaines, ainsi qu'on le verra plus tard. Je ferai observer en outre que le comte Henry a cinq enfants, dont quatre fils ; trois sont établis en Hongrie ou en Autriche, le quatrième, nommé CROUY-TSCHISCHAKOFF, sert avec distinction dans la marine française ; de plus, il y a un troisième frère dans cette branche, et je crois devoir ajouter qu'il n'existe qu'une autre branche qui puisse présenter une filiation régulière ; je manque de renseignements pour compléter dans ces détails l'*Almanach de Gotha*.

En présentant requête pour être autorisé à porter en France la croix de commandeur de l'ordre de Grégoire-le-Grand, M. de Crouy n'obéit certes pas à un sentiment vaniteux, car, qu'on veuille bien le remarquer, il a été honoré de cette distinction à Rome le 23 février 1848, et son titre avait été inscrit à la chancellerie française, sous le contre-seing de M. de Broglie, le 29 du même mois (n° 10694), et ce n'est que douze ans plus tard, en 1860, qu'il présenta sa requête — dans la seule pensée

---

» Frère :

» Henry-François-Nicolas, comte de Hongrie, né le 22 mai 1799, marié le 21 septembre 1821, à 1° Julie, fille de l'amiral russe Tschischakoff; 2° à Emilia Cor, fille de S. George Cor, général anglais.

» Enfants du premier mariage : Frédéric, Charles, etc. »

Enfin, et ceci est sans contredit le fait le plus grave, c'est *sous le contrôle du gouvernement autrichien* que l'on publie à Pesth un ouvrage intitulé : *Magyarorszag csaladai czimerekkel es leszarmozasi tablakkal, irta* Nagy Ivan.

Les *Familles de la Hongrie avec leurs armes et leurs tables généalogiques*, par Ivan Nagy, 1re livraison du 3e volume. — Je reproduirai l'extrait de cette publication relatif à la famille Crouy-Chanel aux pièces officielles.

C'est d'après cette publication, positivement officielle, collationnée avec les titres originaux, que M. le conseiller Langlais a établi la généalogie qu'on trouvera dans son rapport, et que j'ai complétée par des recherches nouvelles et des rapprochements historiques.

J'ajouterai que, dans le courant de l'année 1847, le prince de Crouy-Chanel fut chargé de missions confidentielles auprès du roi Louis-Philippe ; le roi des Français et Madame Adélaïde l'appelèrent à de nombreuses entrevues, et, en toute occasion, le traitèrent avec la plus haute distinction et le qualifièrent en toute circonstance de prince, soit verbalement, soit par écrit ; j'ai sous les yeux les lettres relatives à ces entrevues, et dans toutes, les formules d'expression de respect de MM. les secrétaires du cabinet ou secrétaires des commandements envers le prince ne font jamais défaut.

Dans une longue entrevue qui eut lieu au palais de Saint-Cloud, le dimanche 12 septembre, le roi eut la gracieuseté de rappeler à M. de Crouy l'origine de leur parenté et les diverses alliances qui constituaient leur consanguinité,

de faire sanctionner par l'Empereur le titre de PRINCE qui lui a été reconnu par la cour papale, — « *Dilecto* » *filio francisco Claudio Augusto* HUNGARIÆ : PRINCIPI » *et marchioni de* CROUY-CHANEL *Parisiensi*, » dit le diplôme original. (*Voir aux pièces justificatives*.)

Selon l'usage, la chancellerie française fit son enquête, judiciaire et de police, enquête que j'appellerai *de convenance*, et, le 12 juin 1860, — sous le contre-seing du grand-chancelier, duc de Malakoff, et du secrétaire général de l'ordre, général Eynard, — l'Empereur a autorisé M. LE PRINCE DE CROUY-CHANEL, *François-Claude-Auguste*, à accepter et à porter les insignes de ladite décoration (1).

A notre avis, M. de Crouy eût dû s'en tenir là; il n'avait à demander *à qui que ce fût* sanction des décisions et arrêts divers intervenus en sa faveur, ou en faveur de sa famille, à diverses époques;

Il y a surabondamment, pour lui comme pour elle, chose jugée;

---

(1) Désirant m'abstenir du récit de tout fait personnel à M. Auguste de Crouy, en dehors de la question de filiation, je renvoie le lecteur aux diverses biographies publiées sur ce personnage, et pour ce qui a trait aux services qu'il a pu rendre à la cour de Rome en 1847 et 1848, à mon *Histoire de France* de 1792 à 1849, page 410 et suivantes.

Je dois cependant répéter que le 28 janvier 1848, le souverain pontife avait octroyé des lettres de grande naturalisation aux deux filles de M. de Crouy, TOUJOURS AUX MÊMES TITRES ET QUALIFICATIONS ;

L'une est aujourd'hui sœur dans l'ordre religieux des filles de Sion, ordre fondé sous la direction du vénérable abbé Théodore Ratisbonne ;

L'autre a épousé le marquis de Ferrières-Sauvebœuf.

Mais, à travers les temps, cette famille, déchue du trône, a perdu le relief que donne la fortune ;

Le doute sur sa véritable origine s'est propagé ;

Ses susceptibilités s'en sont accrues :

Je veux que l'on sache bien que je suis celui que je suis, a dit le vénérable *chef d'armes* des générations actuelles ;

Et la requête a été présentée par M° Ferrand, référendaire, accompagnée des titres légaux et officiels, actes de l'état civil, actes notariés, testaments, partages, obits, etc.

Cette requête, qui se trouve analysée dans les discussions de M. le commissaire impérial et de M. le conseiller d'Etat rapporteur (M. Langlais), était accompagnée d'une double consultation de Mes Guillemin, ancien avocat à la Cour de cassation, et Jules Favre, bâtonnier actuel de l'ordre.

Je crois devoir reproduire ces deux pièces, qui ont un caratère tout spécial :

CONSULTATIONS.

Le soussigné, ancien avocat au conseil et à la Cour de cassation,

Vu le mémoire et les pièces relatives à la demande formée par le prince de Crouy-Chanel, tant en son nom qu'au nom de toute sa famille, en reconnaissance de son titre,

Estime :

Que les preuves justificatives de cette demande ne présentent aucune espèce de doute.

Il s'agit donc moins ici d'une discussion proprement dite que du témoignage authentique résultant de tous les documents qui établissent la généalogie du réclamant, et qui font remonter sa filiation en ligne directe jusqu'à Andre III, dernier roi de Hongrie, de la dynastie d'Arpad.

Dans les luttes contradictoires touchant l'état civil des personnes, on conçoit que les questions de noms et de titres, c'est-à-dire de la propriété la plus chère aux familles, ne puissent avoir pour juges que les tribunaux ordinaires.

Mais quand nul contradicteur ne peut plus ou n'ose plus intervenir contre une longue possession d'état et contre les actes sur lesquels elle se fonde, le conseil du sceau des titres en devient, aux termes de son institution, le garant légitime sous les auspices du gouvernement lui-même.

La réclamation du prince de Crouy-Chanel offre une particularité plus favorable encore.

La famille de Croï-Solre et de Croï-d'Havré, qui n'a rien de commun avec la famille des anciens rois de Hongrie, avait disputé à l'oncle du commandeur le nom de Croï, ou, pour parler plus exactement, l'orthographe de ce nom, et l'arrêt définif a laissé aux Crouy-Chanel, avec cette simple modification, le nom et les armes de Hongrie, qu'il a déniés aux Croï-Solre et Croï-d'Havré ;

En telle sorte que, loin de porter la moindre atteinte aux droits des vrais héritiers d'une race royale, ce même arrêt, en date du 12 mai 1821, est devenu pour eux-mêmes une surabondante preuve de leur généalogie.

Plus tard, et par un excès de pouvoir manifeste, la Cour de Paris a vainement essayé d'ôter entièrement à M. de Crouy-Chanel le nom de Crouy, en ordonnant d'office, à l'occasion d'une question *tout autre*, la radiation de ce nom dans les différents actes où il se trouve.

La Cour de cassation, sur la plaidoirie du soussigné, a fait justice d'un pareil abus d'autorité par son arrêt du 6 avril 1830, qui casse celui de la Cour de Paris, sans renvoi à une autre cour.

Devant cette juridiction suprême, et à raison de l'éclat du nom et des armoiries dont il s'agissait, comme aussi pour laisser sans excuse l'excès de pouvoir, il fut permis à l'avocat des Crouy-Chanel, sinon de plaider le fond même de la cause, du moins d'en faire entrevoir les principaux éléments, et dans des vues analogues, mais plus libres et plus autorisées, M. l'avocat général ne craignit pas d'entrer de plain pied dans l'examen de tous les actes et de tous les documents produits en preuve de la généalogie du demandeur, pour conclure énergiquement à la cassation immédiate et sans renvoi.

Ainsi, et en conséquence de ces décisions judiciaires, le conseil du sceau des titres, qui déjà aurait, sans elles, toute liberté d'examen et d'appréciation, doit se trouver encore plus édifié, à la vue des résultats judiciairement acquis en faveur d'une possession de noms et de titres qui n'a jamais souffert la moindre interruption.

On voit, en compulsant tous les documents de la cause, qu'aujourd'hui la question d'état civil est jugée :

1° Par deux arrêts de la Cour des comptes du Dauphiné;

2° Par un jugement du tribunal civil de Grenoble;

3° Par un arrêt de la Cour de cassation;

4° Par une bulle du magister de l'ordre de Saint-Jean de Jérusalem;

5° Enfin, par la décision des députés de la Hongrie.

Dès lors, l'état civil du prince de Crouy-Chanel n'est pas en discussion; IL Y A CHOSE JUGÉE; par conséquent aussi, la seule question de la cause est celle-ci :

L'origine et la descendance royale étant légalement établies, doit-on lui accorder l'autorisation de porter le titre de PRINCE.

Telle est, en effet, l'application la plus rationnelle de l'article 7 du décret du 8 janvier 1859, ainsi conçu :

« *Toute personne* peut se pourvoir auprès de notre garde des
» sceaux, pour provoquer la vérification de son titre par le
» conseil du sceau. »

Comme on l'a déjà dit en commençant, le soussigné n'a donc rien à discuter; aussi se borne-t-il à une simple exposition, et au témoignage des souvenirs d'audience où il a parlé lui-même;

C'est là le seul intérêt que peut avoir, pour le PRINCE DE CROUY-CHANEL, l'opinion réclamée de son ancien défenseur, retiré du barreau.

Qu'il nous soit permis d'ajouter seulement qu'à une époque où la plus sage prévoyance a rappelé l'ordre dans la propriété des noms patronymiques, et par conséquent dans les droits des familles sous ce rapport, les demandes qui appellent le contrôle du conseil du sceau des titres doivent obtenir toute faveur, en cherchant ainsi le grand jour dans la consécration de la possession d'état.

Sous ce point de vue, la loi du 28 mai 1858 et le décret du 8 janvier 1859 auront des effets non moins salutaires que dans les poursuites relatives à l'usurpation des noms et des titres; et le gouvernement doit accueillir avec bienveillance ceux qui viennent d'eux-mêmes soumettre à son examen toutes les questions de cette nature.

La requête de M. Ferrand, référendaire au sceau des titres, pour le prince de Crouy-Chanel, est, du reste, tellement éclairée par la doctrine sur les titres des maisons royales, que le soussigné n'a rien à dire de plus.

Délibéré à Paris, le 27 janvier 1861.

(*Signé*) ALEX. GUILLEMIN.

Le soussigné, avocat à la Cour impériale de Paris, bâtonnier de l'Ordre, adhère pleinement aux solutions qui précèdent. Les pièces originales visées dans l'écrit ci-dessus, et plus longuement détaillées dans le mémoire de M. Ferrand, n'ont pas passé sous ses yeux; mais la vérification en ayant été faite par l'honorable référendaire au sceau, le soussigné ne peut qu'approuver la conclusion qui en est tirée, tant quant AUX TITRES QUI APPARTIENNENT AU CONSULTANTS, qu'aux PRÉROGATIVES et DROITS qui sont la conséquence de la haute position de ses ancêtres.

Paris, 5 février 1861.

(*Signé*) JULES FAVRE.

En même temps que M. Ferrand présentait officiellement la requête au Conseil du sceau des titres, le prince de Crouy crut devoir en donner directement avis à l'Empereur par la lettre suivante, en lui adressant copie de la lettre d'envoi de M. le référendaire.

Paris, 11 mai 1860.

SIRE,

C'est pour obéir à la voix de l'honneur, que j'ai toujours combattu publiquement, au milieu des péripéties de ma douloureuse vie, les calomnieuses et clandestines menées de mes ennemis contre l'authenticité de mes titres et de ceux de ma famille.

Plusieurs notices biographiques, divers articles de journaux et enfin ma brochure sur la noblesse, ont mis au grand jour nos droits légaux à l'existence sociale d'où découle mon titre de *prince par définition d'état*, comme aussi mes sentiments religieux et politiques et mon profond dévouement à Votre Majesté.

Aujourd'hui, pour compléter cette œuvre de restauration individuelle et de famille, je viens soumettre à la *connaissance officielle* de la commission du sceau des tires les divers arrêts et jugements rendus par les cours et tribunaux français, la décision des députés de la Hongrie, la reconnaissance par les deux derniers empereurs d'Autriche, Ferdinand et François-Joseph, à divers membres de ma famille du droit de porter la croix de Malte, comme descendants d'André II, roi de Hongrie, et enfin tous les titres et actes, au nombre de 91, qui ravivent, génération par génération, les siècles de luttes, d'oubli et de misère qui séparent ma famille de son berceau royal, et la réintégrèrent dans ses droits d'après les lois nobiliaires qui décident que, pendant les siècles d'épreuve, les titres et les droits d'une maison *dorment* sans jamais se prescrire et s'éteindre.

Mais en faisant remettre à S. Exc. le ministre de la justice, par le référendaire, M. Ferrand, les documents légaux ci-dessus indiqués et une demande officielle dont ci-joint le duplicata, je crois devoir déclarer à Votre Majesté, qui daigne toujours me donner des preuves de sa souveraine bienveillance, que ce n'est pas pour moi, dont la vie de vieillesse et de souffrance s'éteint chaque jour, mais comme chef d'armes de ma maison et pour les héritiers de mon nom et de mes titres, que je fais cette démarche, dont ils soldent tous les droits de chancellerie.

Si donc Votre Majesté daigne l'approuver, je la supplie de vouloir bien la recommander à son ministre, non comme une grâce à obtenir, mais comme un dernier acte de justice à accorder à un vieux et fidèle serviteur, qui est toujours avec un profond respect,

Sire,

De Votre Majesté, etc., etc.

(*Signé*) P. DE CROUY-CHANEL.

M. de Crouy agit bien plus, on le voit, en s'inspirant de l'esprit de l'article 7 du décret du 8 janvier 1859, qu'en se conformant à la lettre de cet article ; distinction qui eût dû appeler l'attention du conseil du sceau dès la première séance où cette question lui fut soumise ;

Mais il n'en fut rien.

Vainement M. le commissaire impérial déposa-t-il des conclusions de NON PRISE EN CONSIDÉRATION motivées sur des considérants, que le lecteur trouvera exposés dans le cours du rapport que je reproduis plus bas, l'enquête fut confiée aux investigations consciencieuses de l'honorable M. Langlais, l'une des lumières du Conseil d'Etat, contradictoirement à M. Lascoux, ancien conseiller à la Cour de cassation, aujourd'hui secrétaire général du ministère de la justice et commissaire impérial près le Conseil du sceau des titres.

Je laisse donc la parole à M. le rapporteur, qui, dans un travail remarquable à tous les points de vue, a si doctement élucidé la question et résumé historiquement la véritable situation sociale de M. de Crouy et de sa famille, et les débats, soit oraux, soit par notes, qui avaient eu lieu jusqu'à ce jour entre M. le commissaire impérial et lui.

S'adressant à ses collègues, M. Langlais s'est exprimé en ces termes :

(Ce travail a été autographié *par ordre*, et communication *officielle* en a été donnée à M. de Crouy.)

Messieurs,

M. *François-Claude-Auguste* Crouy-Chanel de Hongrie a présenté à S. Exc. le garde des sceaux une requête TENDANTE A OBTENIR LA RECONNAISSANCE DU TITRE DE PRINCE. L'exposant réclame ce titre en sa qualité de *descendant, en ligne directe et légitime*, des anciens rois de Hongrie.

De là deux questions :

L'une de fait,

L'autre de droit.

Nous les examinons successivement.

La généalogie de l'exposant a été l'objet, à différentes époques et devant des juridictions de nature et même de nationalités diverses, d'une vérification qu'il nous paraît utile de mettre sous les yeux du Conseil.

La prétention de M. de Crouy-Chanel, c'est que deux fils d'André III, qui régnait en Hongrie au treizième siècle, s'établirent en France, et que l'aîné y fonda une famille dont le requérant est aujourd'hui le chef.

La famille de Crouy-Chanel, déchue de sa splendeur ancienne, était représentée, en 1790, par deux frères : l'un, Jean-Claude Crouy de Chanel, conseiller substitut du procureur général au Parlement de Grenoble ; l'autre, François-Nicolas Crouy de Chanel, avocat consistorial au même Parlement.

Le Conseil sait que, depuis un siècle, les faux nobles s'étaient multipliés dans le royaume. Le roi Louis XV s'était ému de ces usurpations, qui tendaient à avilir la noblesse française ; il avait ordonné des perquisitions, et ses édits furent renouvelés par ses successeurs.

La noblesse emportant l'exemption de certains impôts, c'étaient d'abord les Cours des aides qui avaient été chargées de vérifier les titres de noblesse ; mais presque toutes ces Cours furent supprimées : en 1789 il n'en restait que trois, celles de Clermont, de Bordeaux et de Montauban. Les autres avaient été réunies aux treize Cours des comptes.

Les Cours des comptes s'étaient saisies des attributions de leurs devancières ; mais leur compétence, en matière de titres de noblesse, fut souvent contestée par les Parlements, et ces luttes ne purent être apaisées que par des édits royaux. C'est ainsi qu'un édit de mars 1585 termina celle qui s'était engagée, dans la province du Dauphiné, en confirmant un concordat passé entre le Parlement et la Chambre des comptes. Cette dernière reçut juridiction pour juger souverainement toutes les questions de priviléges et d'enregistrement des titres de noblesse pour la Provence.

Les deux frères Crouy de Chanel voulurent faire vérifier leurs titres, en 1790, et comme ils habitaient Grenoble, c'est la Chambre des comptes du Dauphiné qu'ils durent saisir.

Les demandeurs exposèrent dans leur requête, portant la date du 25 février 1790, que « par l'effet inévitable d'une longue
» suite de temps, la vétusté ayant occasionné quelques dépé-
» rissements et dégradations dans plusieurs de leurs titres, il
» leur importait de conserver les preuves de l'ancienneté de
» leur maison et de leur noblesse, descendue, en ligne directe
» et masculine, degré par degré, jusqu'à eux, et prouvée, de-
» puis 1279, par plus de soixante titres, tant originaux, que
» minutes et expéditions originales de notaires et de registres
» des paroisses. »

Les deux frères présentèrent une analyse succincte de tous ces titres, et conclurent à ce qu'il plût à la Chambre :

1° « Leur donner acte de la représentation qu'ils faisaient
» des titres et ordonner qu'ils seraient tous enregistrés au greffe
» de la Chambre;

2° » Déclarer qu'ils descendaient en ligne directe et mascu-
» line de Félix Crouy-Chanel, fils d'André III, et arrière-petit-
» fils d'André II, anciens rois de Hongrie;

3° » Déclarer qu'eux et leurs descendants continueraient à
» jouir de tous leurs droits, honneurs, priviléges, prérogatives,
» préséance et prééminence dont jouissent et doivent jouir les

» anciens nobles, suivant et conformément aux lois du
» royaume ; comme aussi du droit et possession de porter les
» armes qui sont *faisceaux d'argent et de gueules de huit*
» *pièces, timbrées d'un casque, ayant pour cimier une croix,*
» *surmontée d'un fer de lance, l'écu appendu à un arbre, et*
» *ayant deux guerriers armés pour supports.* »

La noblesse n'était pas alors ce qu'elle est devenue plus tard, une institution purement honorifique ; elle emportait des priviléges de toute nature, et l'autorité se montrait naturellement vigilante et même sévère: Le contradicteur de ces sortes de prétentions, c'était le procureur général. L'exposant a produit le réquisitoire écrit du magistrat qui fut appelé à contrôler la demande des frères de Crouy-Chanel, et cette pièce prouve qu'aucun des titres n'échappa à son investigation scrupuleuse.

Le procureur général résume son opinion de la manière suivante :

« La noblesse des sieurs Chanel ne nous paraît pas douteuse ;
» ils se sont constamment alliés à des familles d'ancienne
» noblesse de la province... Leurs aïeux ont constamment pris
» pendant deux siècles, jusque et inclus 1488, les qualités de
» chevalier, damoiseau, noble et puissant homme ; depuis
» lors, ils n'ont pris que celle de noble, mais constamment et
» sans interruption, jusque et inclus Claude II, baptisé sous la
» qualification de noble, le 8 avril 1626.
» Jean-Claude Chanel et François-Nicolas, demandeurs, ont
» pris cette qualité dans plusieurs actes. Leur père est le seul
» qui ait omis de la prendre ; mais cette omission ne saurait
» nuire aux demandeurs, du moment où il est prouvé par les
» actes produits qu'il n'a fait et exercé aucun état qui puisse
» déroger à noblesse, et qu'il est même qualifié d'ancien offi-
» cier d'infanterie.
» Il est, en effet, certain en principe que l'omission de
» qualité ne peut préjudicier à la noblesse des descendants de

» celui ou de ceux qui ont négligé d'en prendre la qualifica-
» tion. S'il en était autrement, il s'ensuivrait que la noblesse
» pourrait se perdre par la prescription, tandis qu'elle est
» imprescriptible de sa nature, qu'elle ne peut pas plus se per-
» dre que s'acquérir par prescription. »

Le procureur général concluait en conséquence à l'admission de la demande des deux frères.

La Chambre des comptes du Dauphiné statue, le 29 mars 1790, conformément aux conclusions du procureur général. Le dispositif de cet arrêt, longuement motivé, était conçu en ces termes :

« Notre dite Chambre déclare que Jean-Claude et François-
» Nicolas Chanel, ont suffisamment prouvé leur origine et leur
» descendance, en ligne directe et masculine, de Félix Crouy-
» Chanel, fils d'André III... Ordonne que lesdits titres et actes
» énoncés en leur requête seront enregistrés au greffe de notre
» dite Chambre sur les originaux qui resteront audit greffe,
» jusque après ledit enregistrement, à l'effet de constater
» l'origine et la descendance desdits Chanel et de jouir *par eux*
» *et leurs descendants en ligne directe des droits, honneurs, et*
» *privilèges de noblesse et armoiries, et autres résultant desdits*
» *titres et actes, suivant et conformément aux lois du royaume.* »

L'autorité judiciaire a été appelée de nos jours à prononcer de nouveau sur cette généalogie, à l'occasion de procès, dont le souvenir encore vivant, mais peut-être un peu confus et vague, a besoin d'être précisé.

En 1820, un membre de la famille de Crouy-Chanel, M. le comte Claude-François de Crouy-Chanel, cousin issu de germain de l'exposant, intenta une action contre MM. de Croy, de Solre et d'Havré, et demanda que défense leur fût faite de porter les armes de l'ancienne maison royale de Hongrie, et de se dire de cette maison.

Les duc et prince de Croy le soutinrent non-recevable et conclurent reconventionnellement à ce qu'il fût fait défense à lui-même de porter le nom de Croy et les armes indicatives, soit de cette maison, soit de la descendance des rois de Hongrie.

M. le comte de Crouy-Chanel n'avait produit à l'appui de sa demande ni les originaux, ni les copies authentiques des titres, déposés au greffe de la Chambre des comptes du Dauphiné lors de l'instance de 1790; il s'était borné à représenter l'arrêt lui-même et le répertoire des titres compris dans l'enregistrement.

La Cour de Paris, par un arrêt du 12 mai 1821, jugea avec raison que la décision de 1790 ne pourrait être préjudiciable aux intérêts des tiers ; le répertoire présenté ne suppléant pas à la production des titres ou expéditions de titres ; qu'en conséquence M. le comte de Crouy-Chanel ne justifiait pas de sa descendance, et elle le déclarait non recevable.

Statuant sur la demande reconventionnelle, elle fit défense au comte de Crouy-Chanel d'ajouter à son nom celui de Croy ; relativement aux armes, elle décida que les duc et prince de Croy ne justifiant pas de leur descendance de la maison royale de Hongrie, n'avaient pas droit à la possession de ces armes, et mit sur ce chef les parties hors de cause.

La Cour de cassation, saisie par M. le comte de Crouy-Chanel, rejeta le pourvoi qu'il avait formé contre cet arrêt.

Voilà la première phase de cette affaire, *où M. de Crouy-Chanel, l'exposant, n'était pas engagé.* La Cour avait jugé contre un des parents de ce dernier qu'il ne justifiait pas de sa descendance ; elle lui avait fait défense de porter le nom de Croy ; mais elle avait décidé, en même temps, que les duc et prince de Croy n'avaient droit ni de se dire de la famille, ni de porter les armes de la maison de Hongrie.

Quelques mois plus tard, le frère de l'exposant, M. le comte Henri de Crouy-Chanel, ayant fait faire ses publications de mariage sous le nom de Crouy, MM. de Solre et d'Havré y formèrent opposition. Ils furent déboutés par jugement du 26 octobre 1821, *auquel ils ont adhéré.*

La lutte recommença en 1828 ; Mme de Crouy-Chanel, femme de l'exposant, était alors engagée dans un procès purement pécunier. La Cour de Paris, trompée probablement par une confusion de noms et de personnes, et croyant qu'elle avait devant elle l'ancien adversaire de MM. de Croy et de Solre, crut pouvoir ordonner d'office la radiation du nom de Croy de tous les actes de la procédure, en s'appuyant sur l'arrêt qu'elle avait rendu en 1821.

Un pourvoi en cassation fut formé par l'exposant, et la Cour de cassation, par un arrêt du 6 avril 1830, cassa sans renvoi l'arrêt de la Cour de Paris.

Le dernier incident relatif à cette affaire a été vidé en 1839, devant le tribunal civil de Grenoble.

M. de Crouy-Chanel s'était trouvé, lors de son procès, dans une situation plus qu'embarrassante. La Cour lui avait dit : Vous ne représentez pas les originaux ou les expéditions des titres invoqués, le nom de Crouy n'est pas même consigné dans votre acte de naissance. Constatons en passant que les mêmes objections n'auraient pu être adressées à l'exposant, car il possède les titres et porte un nom conforme à celui de son acte de naissance. (*Voir aux pièces justificatives.*)

M. le comte de Crouy-Chanel, mieux conseillé, fit, en 1839, ce qu'il aurait dû faire en 1820 : de concert avec deux autres membres de la famille, qui se trouvaient dans le même cas, il porta devant le tribunal de Grenoble une demande en rectification de son acte de naissance.

Le tribunal se trouva ainsi saisi indirectement de la question qui s'était agitée devant la Chambre des comptes du Dauphiné en 1790, et dut vérifier cette longue généalogie depuis le treizième siècle jusqu'à nos jours.

Le tribunal procéda à cette vérification avec le soin le plus minutieux. Il voulut d'abord constater que les titres, conservés au greffe, étaient bien ceux qui y avaient été déposés en 1790, et, à cet effet, M. le préfet de l'Isère nomma une commission, composée d'un conseiller de préfecture, de deux conseillers à la Cour royale, d'un juge au tribunal et du bibliothécaire de la ville.

La commission ayant émis l'avis que ces titres présentaient un caractère d'authenticité irrécusable, le tribunal y chercha, document par document, la preuve de la descendance et de la possession séculaire du nom de Crouy ; et, par un jugement, aussi longuement que fortement motivé, il ordonna la rectification qui était demandée.

Le Conseil voit qu'on a émis à tort, dans l'instruction, des doutes sur le droit de l'exposant à porter le nom de Crouy. Rien n'est mieux démontré et plus authentique que la légitimité de cette possession.

L'autorité française n'est pas la seule qui ait été appelée à contrôler la descendance de l'exposant. M. Crouy-Chanel invoque d'autres décisions, rendues en pays étranger, qu'il est utile de connaître.

La première dans l'ordre du temps émane du conseil de l'ordre de Saint-Jean-de-Jérusalem ou de Malte. Voici dans quelle circonstance elle intervint. André II, roi de Hongrie, fit la guerre de Terre-Sainte, et pendant son séjour dans ce pays, il alla visiter l'hôpital de Saint-Jean-de-Jérusalem, que l'ordre de Malte avait fait établir à Ptolémaïs. Les œuvres de charité qu'on exerçait dans cette maison pénétrèrent son âme ; et voulant y coopérer lui-même, il fit don à l'ordre d'une rente annuelle et perpétuelle de 500 MARCS D'ARGENT, au service de laquelle il affecta non-seulement ses biens, mais encore ceux de ses descendants à perpétuité. Ce prince voulut de plus être agrégé à l'ordre ; il en prit la décoration, qu'il porta jusqu'à sa mort, *et il y obligea tous ses enfants et leurs descendants*. La fondation du roi André II fut confirmée par une bulle du pape, et le titre du subside est encore dans les archives du Vatican.

Plusieurs membres de la famille Crouy-Chanel, parmi lesquels l'exposant, ont été autorisés, au désir de cette fondation, à porter la croix de l'ordre de Malte, en vertu d'une décision rendue par le conseil de l'ordre le 30 mars 1816 (1). Tout récemment, le 15 avril 1860, deux jeunes officiers de l'armée d'Autriche, neveux de l'exposant, ont reçu la même autorisation du souverain de ce pays, *selon leur prérogative héréditaire* (2), comme le porte l'acte.

M. de Crouy-Chanel a produit une dernière décision, dont l'importance n'échappera pas au conseil. En 1844, M. Nicolas Henri de Crouy-Chanel, son frère, saisit la Diète de Hongrie d'une demande en reconnaissance de ses droits à l'indigénat, *en sa qualité de descendant des anciens rois de Hongrie*. Cette demande, portée d'abord aux comitats, et plus tard déférée aux députés, fut accueillie par eux, dans la séance du 27 octobre 1844, et ils décidèrent *à l'unanimité, moins deux voix*, que non-seulement l'indigénat devait être accordé à M. de Crouy-Chanel, mais qu'il avait voix à la Diète et place parmi les nobles magnats (3). L'affaire paraît s'être arrêtée là et n'avoir pas été portée jusqu'ici à l'assemblée des magnats.

Tous ces documents, par lesquels nous avons commencé l'étude de cette affaire, avaient produit sur notre esprit une sérieuse impression. Le mensonge serait si hardi, il eût fallu pour l'accréditer tant de dupes ou de complices, et cela jusque dans la magistrature française, avant comme après la Révolu-

---

(1) Voir aux pièces justificatives.
(2) Id., et page 31.
(3) Je dois faire observer que la déclaration officielle de ces faits a été fournie à M. le conseiller Langlais par attestation du 14 novembre 1844, de M. Louis de Kis, agent aulique hongrois, revêtue du sceau aulique et des visa de la chancellerie à Vienne.

« L'affaire paraît s'être arrêtée là et n'avoir pas été portée jusqu'ici à l'assem-
» blée des magnats. » — L'explication de ce temps d'arrêt est fort simple; pour passer outre, M. le comte Henry de Crouy-Chanel est avisé par M. l'agent aulique, Louis de Kis, qu'il aura d'une part à lui déposer... soit 2,000 fr. (valeur de

tion, qu'un contrôle nouveau pouvait paraître superflu. Mais il nous a semblé que notre devoir n'était pas d'apporter au Conseil simplement ce que d'autres avaient trouvé, mais ce que nous aurions trouvé nous-même. Reprenant donc l'œuvre faite par la Chambre des comptes en 1790, nous avons, comme elle, interrogé tous ces documents, pour la plupart écrits en mauvais latin, et qui nous conduisent jusqu'à l'année 1279. Puis nous les avons rapprochés des ouvrages qui ont traité de l'histoire de Hongrie, notamment de l'œuvre des Bénédictins, *l'Art de vérifier les dates*. Voici le résultat fort abrégé de cet examen.

La Hongrie a été gouvernée par une race royale, que l'histoire appelle la dynastie des ARPAD, du nom de son fondateur ARPAD, qui régnait en 890.

Le dernier roi de cette dynastie, qui compte saint Etienne au nombre de ses souverains, fut André III, dit le Vénitien, qui mourut en 1302. Ce sont les deux fils de ce monarque qui, selon M. de Crouy-Chanel se sont établis en France, et dont l'aîné y a fondé une famille dont il est, lui, aujourd'hui le chef.

Les documents produits constatent ce fait; mais on ne se l'explique bien qu'en se reportant à l'*Histoire de Hongrie*.

Le trône de Hongrie était occupé, en 1205, par André II. C'est lui qui est l'auteur de cette fameuse Charte dite Bulle d'or

---

monnaie française), de plus, pour jouir des droits, avoir les patentes et diplômes, à payer la taxe légale, s'élevant à 23,000 fr., et 5,000 fr. de taxe royale à l'empereur.

En outre, M. le comte Henry de Crouy-Chanel doit être possesseur en Hongrie d'une propriété territoriale, susceptible de former majorat, du prix *minimum* de 25,000 fr.　　　　　　　　　　　　　　　　　　　　　　G. S.

P -S. (deuxième édition). — Ces observations de ma part répondaient à l'avance à quelques objections qui ont été faites dans des journaux étrangers par des écrivains qui n'avaient pas cru devoir prendre connaissance de mon travail avant de le critiquer ; c'est ainsi que certaines feuilles entendent le droit de polémique et de discussion.

où on lit : « Si moi ou mes successeurs, en quelque temps que
» ce soit, veulent vous enlever vos priviléges, qu'il vous soit
» permis, en vertu de cette promesse, à vous et à vos descen-
» dants, de vous défendre, sans pouvoir être traités de re-
» belles. »

André II avait épousé en troisièmes noces Béatrix, fille du marquis Aldovrande d'Este, dont il eut un fils, Étienne, *lequel n'était pas né encore lors de la mort du roi son père.* L'histoire rapporte que Béatrix fit constater sa grossesse, et qu'elle se retira ensuite en Allemagne, puis en Italie, près de son oncle Azzo VII, marquis d'Este, où elle donna le jour au prince Étienne.

Le prince Étienne, tout jeune encore, fut gravement compromis dans une conspiration ourdie, selon les Bénédictins, contre le roi Bella, et, selon les historiens hongrois, contre son oncle, le marquis d'Este. La nature de la conspiration est d'ailleurs chose indifférente ; ce qu'il y a de certain, c'est qu'elle échoua, et qu'à la suite de cette aventure, assez ordinaire dans ces temps agités, le prince Étienne fut obligé de se réfugier en Espagne.

Rappelé en Italie, il passa par la France, et, pendant le séjour qu'il y fit, il acheta deux domaines, *celui de Crouy, en Picardie, et celui de Chanel, en Dauphiné.*

Le prince Etienne, revenu en Italie, fut élu podestat de Ravenne ; mais l'imprudence de sa conduite ayant soulevé les habitants contre lui, il se retira à Venise, où il épousa Thomassina Morosini, nièce du doge Marino Morosini. C'est de ce mariage que naquit André, surnommé, à cause de cette origine, le Vénitien.

Voyons ce qui s'était passé en Hongrie pendant qu'André grandissait à Venise.

Bela IV, son oncle, avait succédé sur le trône à André II ; il était mort, laissant le trône à son fils Étienne IV.

Étienne IV eut trois enfants :

Deux fils, Ladislas et André,

Et une fille qui fut mariée à Charles II, roi de Naples.

L'histoire, à partir de cette époque, n'enregistre plus dans la famille des Arpad que des règnes d'une durée étrangement courte, des morts violentes, et une succession de troubles, jusqu'à ce que disparaisse la race elle-même, au milieu des ténèbres qui n'ont point encore été dissipées.

Etienne IV ne régna que deux ans et eut pour successeur son fils aîné, Ladislas, marié avec la fille du roi de Naples, Charles Ier. Ladislas n'avait pas d'enfants, et son frère cadet, André, était mort victime d'un assassinat.

Thomassina Morosini (veuve d'Étienne le Posthume), qui voyait ainsi s'ouvrir des chances pour son fils, André le Vénitien, par l'extinction de la branche aînée, le conduisit en Hongrie.

André plut au roi, qui le reconnut pour son héritier et le nomma duc de Hongrie. L'histoire constate que ce prince épousa en premières noces Zenena, fille du prince russe Zenowich, dont il n'eut pas d'enfants, et qu'il se maria plus tard avec Agnès d'Autriche, dont il eut une fille, morte religieuse en Suisse.

Les historiens, *autres que les historiens hongrois*, ont ignoré un autre mariage, qu'il faut placer entre ces deux unions; c'est celui que André contracta avec Sybilla, fille de Pierre Cumana, membre du conseil de Venise, et qui donna naissance à deux fils, Félix et Marc. L'existence de ce mariage est prouvée par différentes pièces, dont une indique même l'époque à laquelle il eut lieu. La première est une donation faite en 1284 par Marc de Hongrie; il y est qualifié fils d'André, duc de Hongrie, ce qui montre qu'il était né *postérieurement* au voyage de son père en Hongrie, et *antérieurement* à son règne. La seconde est un obit fondé par Marguerite de Sicile en faveur *de son cousin* Félix de Hongrie; il y est qualifié fils de très-noble prince André et de dame Sybilla Cumana.

Ladislas étant mort sans postérité, en 1290, deux concurrents se présentèrent pour lui succéder, savoir : André le Vénitien et Charles Martel, fils de la sœur de Ladislas, qui avait épousé, comme nous l'avons dit, Charles II, roi de Naples.

Charles Martel, couronné par le pape, ne sortit jamais d'Italie pour prendre possession de ses États, et mourut à Naples laissant un fils en bas âge nommé Charobert.

André *le Vénitien*, absent lors de la mort de Ladislas, s'était empressé, au contraire, de se rendre en Hongrie. L'histoire raconte que, passant par les Etats d'Albert, duc d'Autriche, il fut arrêté, contre le droit des gens, par les ordres de ce prince, et qu'il ne recouvra la liberté que sous la promesse d'épouser Agnès, sa fille.

Sybilla Cumana était-elle encore vivante, ou bien voulut-il simplement reprendre une parole qui lui avait été arrachée par la violence ? Nous ne savons ; mais ce qui est certain, c'est que, de retour en Hongrie, il refusa d'épouser Agnès. De là une guerre entre les deux pays. André porta ses armes en Autriche, où pendant cinq ans il répandit la terreur et la désolation. Appelé en Hongrie en 1296 par des troubles qui s'y étaient élevés, il se hâta de faire la paix avec le duc d'Autriche, et la cimenta par son mariage avec la princesse Agnès. André III mourut à Bude le 14 février 1302, laissant la Hongrie profondément troublée. Son successeur fut Charobert, fils de Charles Martel, qui avait été son compétiteur onze années auparavant.

L'histoire, qui raconte les agitations de ce règne, ne fait aucune mention des deux fils d'André III. Pourquoi n'étaient-ils pas à côté de leur père, soit lorsqu'il allait disputer la couronne à Charles Martel, soit dans ses guerres avec l'Autriche ? Voilà ce que nous nous demandions en présence de documents, dont nous allons parler, qui nous les montrent passant des contrats au cours des années 1279 et 1284. Les pièces produites nous ont donné l'explication de ce que nous cherchions. *Les deux frères étaient morts antérieurement à* 1290, époque à laquelle André III fut appelé au trône de Hongrie.

Ce fait est prouvé :

1° Par une fondation faite au chapitre de Notre-Dame d'Amiens en 1290, par noble dame Guignonne de la Chambre, comme veuve de noble seigneur Félix de Hongrie, et comme ayant la tutelle des trois enfants mineurs dudit Félix (1) ; 2° par une fondation de la même nature, faite en 1792 par Marguerite de Valois pour le repos de l'âme de feu noble chevalier Félix de Hongrie, son *cousin* et *fils aîné* de très-noble prince André de Hongrie (2); 3° par l'obit de très-noble Marc de Hongrie, fils puîné de très-noble prince André de Hongrie. La donation est faite par Élisabeth de Renty (3).

André III, appelé au trône en 1290, et retenu, comme nous l'avons dit, prisonnier en Autriche, n'avait donc plus que des petits-fils en état de minorité.

Un historien célèbre de la Hongrie, le docteur Erdy (4), a tracé un tableau très-émouvant des derniers jours de cette première race royale de la Hongrie : « Il y avait, dit-il, dans ces temps de
» guerre civile, il y avait à Naples et à Rome un conseil secret,
» dirigé par les deux rois Charles Ier et Charles II, qui poursui-
» vaient avec acharnement l'anéantissement de la race des Arpad ;
» c'est par le fait de ce conseil que le frère cadet de Ladislas
» fut étouffé; que Ladislas fut assassiné; que *Félix, le fils d'An-*
» *dré III, périt de mort subite*; que Thomassina Morosini, mère
» d'André III, mourut par le poison, et qu'André III lui-même
» succomba par la même fatalité, ainsi que plusieurs patriotes,
» connus par leur fidélité à leur souverain. »

Nous n'avons pas besoin que tous ces crimes aient été commis pour comprendre comment de jeunes enfants n'ont pas suivi leur grand-père dans un pays si violemment agité. Maintenant si nous considérons que le successeur de leur aïeul était le petit fils de Charles II, que ce dernier souverain était aussi comte de

---

(1. 2. 3.) Voir aux pièces justificatives.

(4) *Jean* Erdy, *membre de l'Académie hongroise et gardien de la section des antiquités du musée national hongrois.*

Je n'ignore pas que le travail du docteur Erdy a provoqué deux critiques, dont la première, parue sous un titre moqueur; ne mérite pas qu'on y réponde.

L'historien sérieux ne réplique qu'aux écrivains sérieux.

La seconde paraît grave et au premier abord attire l'attention. J'y répondrai, je la réfuterai à la suite de ce rapport.   G. S.

Provence, et qu'une partie des propriétés du Dauphin de Viennois relevait de ce comté, peut-être sera-t-il facile de nous expliquer pourquoi l'histoire a cessé de s'occuper de ces fils de roi dépossédés et exilés.

Abandonnons toutes ces conjectures, et constatons un fait certain, c'est qu'il existait en France, au cours des années 1279 et 1282, deux fils d'André III, qui portaient les noms de Félix et de Marc. Nous en trouvons la preuve dans un contrat daté du 1er mars 1279, et dans deux autres actes de 1282. Nous citons de préférence ces derniers actes, parce qu'ils indiquent à la fois et la filiation des contractants, et les causes de leur séjour en France, et l'origine de leurs noms.

Celui de ces deux actes daté du 9 février 1282, est un partage de biens, reçu par le notaire Étienne Pilati, et par lui grossoyé avec son monogramme. Le partage intervient entre « le seigneur » *Félix* Crouy *de* Chanel, coseigneur de Crouy, *fils ainé du sei-* » *gneur* André *dit le Vénitien*, d'une part, et le seigneur *Marc* » Crouy *de* Chanel, frère cadet dudit seigneur *Félix* Crouy *de* » Chanel et second fils dudit seigneur André *dit le Vénitien.* »

L'acte porte que : « l'illustre prince Étienne, de vénérable » mémoire, allant en Italie et passant par la France, avant d'al- » ler à Venise, avait fait différentes acquisitions de biens et » droits sur la terre, domaine et château de Crouy, et que, par » donation entre vifs, il avait institué pour son donataire univer- » sel, son très-cher fils, illustre seigneur André *dit le Vénitien.* »

Ces biens consistaient dans le domaine d'Allevard et dans la terre de Crouy.

Allevard reste dans la possession de Félix, et la terre de Crouy est cédée à Marc, qui s'oblige de payer à Félix, son frère, pour soulte de partage, la somme de 1,700 livres de bons sols tournois.

Une des conditions expresses du partage, c'est que *Marc* Crouy *de* Chanel ou au moins Jean, son fils, épousera noble demoiselle Catherine. Pour assurer le paiement de la somme promise, *Marc* Crouy *de* Chanel laisse en otage dans le château d'Allevard, du consentement du dauphin, quatre gentilshommes savoir : *Guillaume* Péquigny, *Hugues de* Mouchy, *Gilet de* Maillé *et Guillaume de* Bouflers.

Les deux frères, par un pacte exprès de famille, promettent de « se soutenir et se défendre mutuellement dans toutes les
» occasions et dans tous les temps, de corps et d'âme, contre
» toutes les attaques qui pourraient leur être faites, tant dans
» leur honneur que dans leurs biens. »

Les deux frères s'obligent encore réciproquement, «tant
» pour eux que pour leurs descendants, à porter dans leurs ar-
» moiries les couleurs blanche et rouge, et à ne se servir jamais
» d'autre cri de guerre que celui du saint nom de Hyérusalem,
» comme ayant été lesdites couleurs et cri de guerre toujours
» en usage et adoptés par tous les seigneurs, pères, aïeux et
» bisaïeux desdits seigneurs contractants, et que ces couleurs
» et cri de guerre avaient été conservés en mémoire des diffé-
» rentes guerres qu'ils avaient faites à Jérusalem. »

Félix et Marc de Crouy-Chanel jurent l'observation de l'acte, non-seulement sur les saints Évangiles, mais encore par l'âme sainte et terrible de l'illustre roi de Hongrie, André, leur bisaïeul : PER ANIMAM SANCTAM ET TERRIBILEM ILLUSTRIS REGIS HUNGARIÆ, ANDREÆ, PROAVI DICTORUM FRATRUM. (*Voir aux pièces justificatives.*)

L'acte, comme on le voit, concorde parfaitement avec l'histoire.

Les deux frères avaient, en effet, pour père André le Vénitien, fils d'Etienne. Ce dernier étant fils d'André II, les deux frères avaient pour bisaïeul ce souverain.

L'acte est passé à Allevard, en présence du seigneur d'Aix, Aimard de la Tour, seigneur de Vinay; Raymond d'Agoult, seigneur de Bourière; Guillaume d'Aralon, Siboud de Clermont et Gérard de Bellecombe.

En exécution de ce traité et par un acte du 27 avril 1282, reçu par le même notaire, le seigneur Félix Crouy de Chanel reconnaît avoir reçu les 1,700 livres tournois, et déclare en liberté les otages retenus au château d'Allevard. L'acte offre d'ailleurs les mêmes énonciations et le même serment.

Plusieurs titres, soit antérieurs, soit postérieurs, viennent corroborer la preuve manifeste qui résulte des documents que nous avons analysés. C'est ainsi que, notamment en 1279, il intervient entre le seigneur Félix Crouy de Chanel et les habitants de Brastole, un acte authentique, au sujet du droit de pacage dans la forêt de la Weyga. On y rappelle qu'André, père du seigneur Félix, a possédé cette forêt avant lui; que ledit André était digne, par ses grands sentiments, de son royal aïeul : *Magne corde digno ab avo suo regio*. L'acte est passé à Brastole, sur le monument élevé à la mémoire du roi André, bisaïeul dudit seigneur Crouy-Chanel ; *Acta fuerunt hæc apud Brastolenum, super venerandum simulachrum regis Andreæ, proavi dicti domini Crouy-Chanelis*. (Voir pièces justificatives.)

Cet acte a été produit en original, avec le sceau, où sont empreintes les armes de la maison de Crouy-Chanel.

Nous nous sommes attaché jusqu'ici à établir qu'il existait, en France, à la fin du treizième siècle, deux frères du sang royal de Hongrie, que les révolutions de ce pays en avaient éloignés.

La seconde partie de notre tâche était de rechercher si cette famille s'est perpétuée en France, si l'exposant lui appartient et s'en trouve aujourd'hui le représentant et le chef.

Ce contrôle était plus fastidieux que difficile ; car les documents sont très-nombreux. Nous avons pu suivre la marche de cette famille à travers les temps, à l'aide des titres les plus certains: *actes de naissance, de mariage, de décès, contrats authentiques de toutes sortes, fondations pieuses, etc.*, sans que la lumière manque A AUCUNE GÉNÉRATION.

Peut-être aurions-nous dû, suivant l'exemple du procureur général de 1790, mettre ces titres eux-mêmes sous les yeux du Conseil, mais nous n'aboutirions qu'à reproduire le travail de ce magistrat, sanctionné par l'arrêt de l'ancienne Chambre des comptes du Dauphiné. Nous croyons donc pouvoir nous borner, quant à présent, à vous présenter la généalogie de l'exposant, depuis André II, roi de Hongrie, en 1205. (Voir le tableau suivant.)

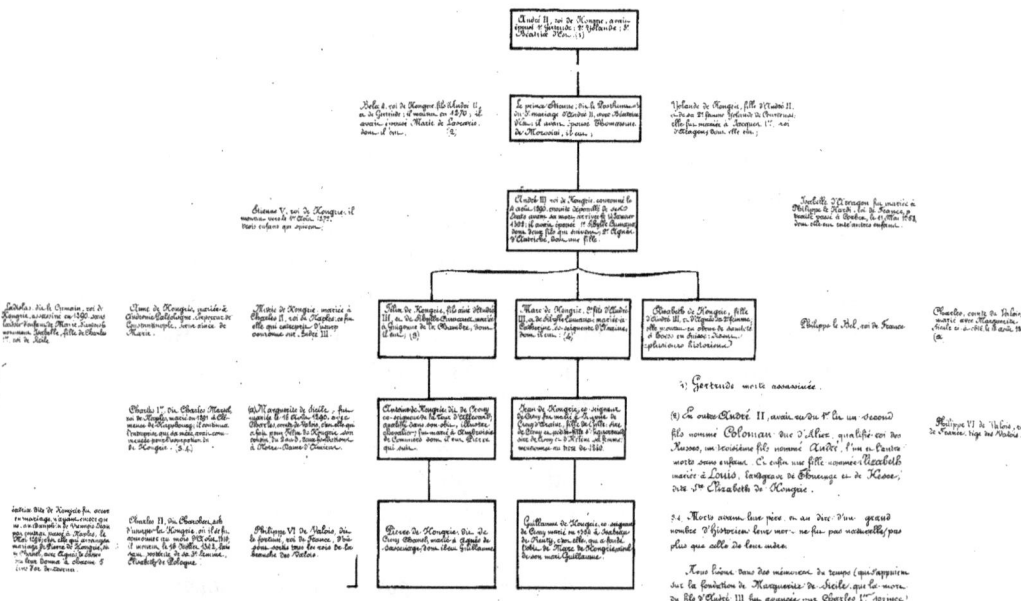

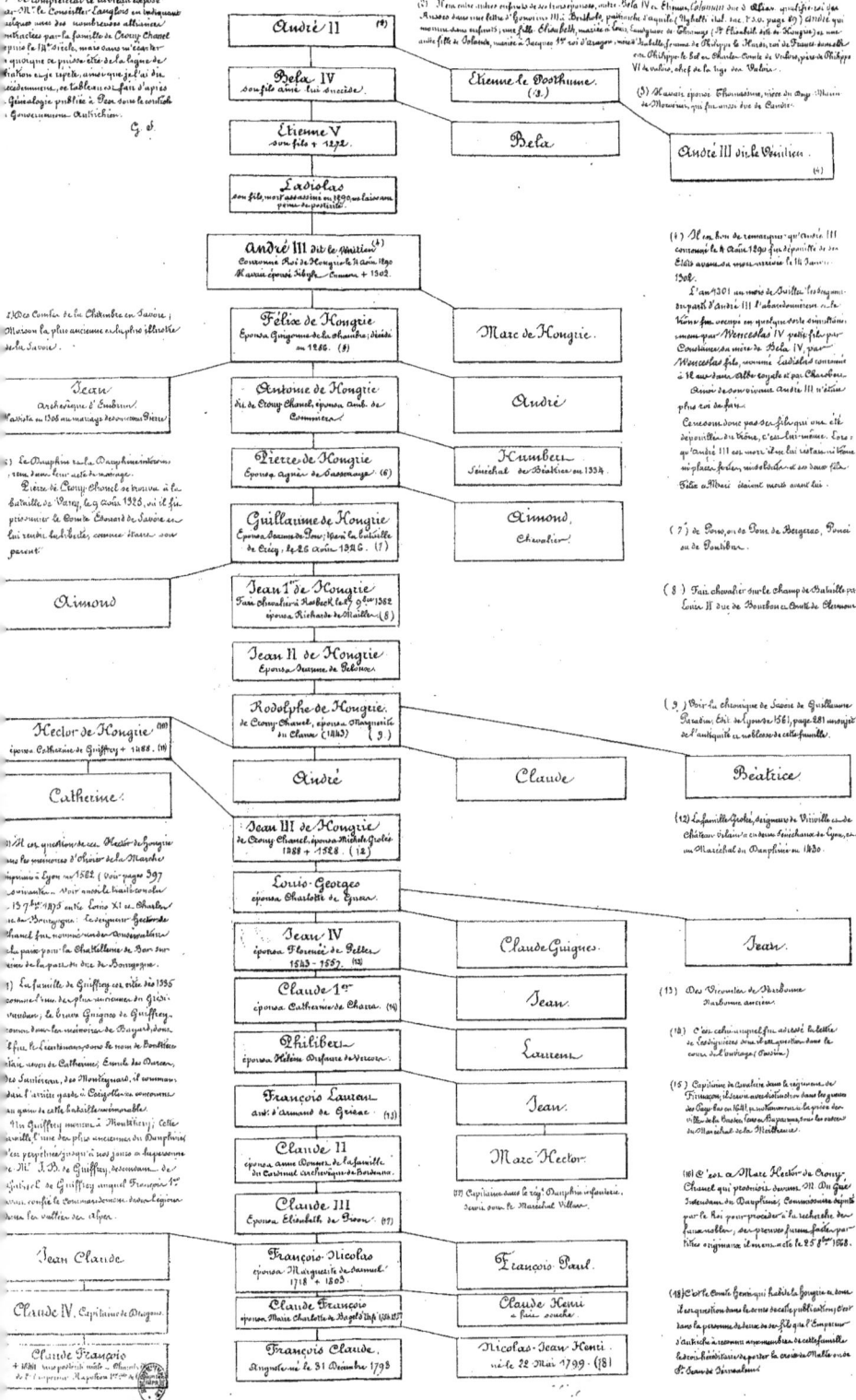

Ajoutons, pour compléter les documents que nous avons présentés au Conseil, que cette généalogie a été vérifiée en 1817 par des hommes qui ont autorité en ces matières ; par de Villevieille, bénédictin de la congrégation de Saint-Maur ; Pavillet, chef de la section historique aux archives du royaume ; Lacroix, généalogiste de l'ordre de Saint-Jean-de-Jérusalem, et de Saint-Pont, archiviste (1).

---

(1) Ce serait tomber dans des redites sans fin que de reproduire *in extenso* les diverses consultations données depuis quatre-vingts ans aux membres de la famille de Crouy-Chanel par *les hommes qui font autorité en ces matières*, pour me servir de l'expression de M. le conseiller Langlais ; toutefois, je dois dire en quels termes se sont exprimés les quatre généalogistes dont le comte de Croy avait invoqué les lumières. — Je lis dans le mémoire délibéré par don de VILLEVIEILLE, qui s'était livré aux plus minutieuses recherches : « LE CONSEIL EST D'AVIS QUE
» LA PRÉTENTION DE M. DE CROUY-CHANEL EST JUSTE ET BIEN FONDÉE,
» QU'ELLE DOIT ÊTRE ACCUEILLIE PAR TOUS LES TRIBUNAUX OU LA
» QUESTION SERA PRÉSENTÉE A JUGER. »

« En reconnaissant la noblesse et en la maintenant, la Charte dit (art. 71) :
« *La noblesse ancienne reprend ses titres.*

» C'est donc une propriété de famille à défendre, à conserver, à REVENDIQUER ;
» et toutes les fois qu'il y sera porté atteinte, il y aura une action ouverte pour la
» faire CONSTATER et pour en faire prononcer la réparation contre leurs auteurs ou
» leurs successeurs. »

Après avoir rappelé l'historique de la législation sur la matière, le savant généalogiste ajoutait : « C'est par ces mêmes motifs que Louis XV rendit son ordon-
» nance du 29 juillet 1760, par laquelle il fait défense à tout noble, quelque rang
» qu'il tienne dans l'ordre de la noblesse, de rien changer de ses armoiries, écus-
» sons, émaux, etc. » Et enfin que ce roi voulait « que les armoiries, réglées et
» enregistrées, fussent PATRIMONIALES ET HÉRÉDITAIRES. »

Puis, après avoir signalé les diverses pièces qui lui ont été soumises, il s'exprime en ces termes : « Leur filiation est appuyée sur une *succession* de pièces
» probantes, ENCHAÎNÉES SANS INTERRUPTION et formant une preuve légale
» et irréprochable de leur descendance de génération en génération jusqu'à la
» troisième, à partir du plus ancien des aïeux, auquel la preuve remonte. »

« Le résultat de cette preuve est que MM. de Crouy-Chanel sont issus *en ligne*
» *directe masculine et légitime* du noble, puissant et magnifique seigneur Félix de
» Hongrie (frère aîné de Marc), seigneur de Crouy-sur-Somme, fils d'André III, dit
» *le Vénitien*, petit-fils du prince Étienne de Hongrie et arrière-petit-fils d'André II,
» roi de Hongrie, fils de Marguerite de France, comtesse de Vexin.

Les titres à l'aide desquels nous avons retracé ce tableau généalogique nous ont appris non-seulement comment la famille de Crouy-Chanel s'est établie et perpétuée en France, mais encore quel rôle elle y a joué pendant cette longue suite de générations.

On la voit, jusqu'à la moitié du dix-septième siècle, vouée à l'armée ou à l'Eglise, et rappelant avec orgueil, dans toutes les circonstances, sa royale origine. Le Conseil se souvient du contrat de 1279, passé près du tombeau du roi André.

Le temps a marché.

On est à deux générations au delà.

Pierre de Crouy-Chanel épousa Agnès de Sassenage (1) ; —

» Que MM. de Crouy-Chanel ainsi sortis du berceau royal ont toujours eu pour
» armes pleines de leur illustre famille, *un écu d'argent à 4 faces de gueules*, ce
qui fait 8 pièces, etc.

Cette consultation, donnée le 11 juin 1817, reçut le 1er juillet suivant l'adhésion de PAVILLET, chef de la section historique aux archives du royaume, ancien premier commis aux ordres du roi, commissaire du conseil d'État ; et seize mois plus tard, 27 et 29 novembre 1818, LACROIX, généalogiste et chevalier honoraire de l'ordre de Saint-Jean de Jérusalem et de SAINT-PONT, ancien archiviste, y adhérèrent.

D'autre part (le 5 août 1817) *Louis* FOY-DUPRAT, agent général de l'ordre royal militaire et hospitalier de Notre-Dame du Mont-Carmel et de St-Lazare, de Jérusalem, ancien généalogiste, employé au cabinet des ordres du roi, certifiait *à qui il appartiendra*.... (suivent les pièces probantes)...... De tout quoi, ajoutait-il : « Il
» résulte qu'ils (MM. de Crouy-Chanel) sont issus en ligne directe masculine et
» légitime d'ANDRÉ II, roi de Hongrie, fils de BELA III et de MARGUERITE de
» France, et qu'en conséquence, ils doivent jouir des honneurs, priviléges, prééé-
» minences, armoiries et autres avantages, résultant *de leur filiation et origine
» royale*, établie DE LA MANIÈRE LA PLUS AUTHENTIQUE, etc. »

Pour extrait conforme : G. S.

(1) C'est cette Agnès de Sassenage qui est l'héroïne d'une légende dauphinoise, *La* DAME BLANCHE *de la tour du Treuil*. Je dois à cette occasion citer un ouvrage intitulé : *Guide dans les Alpes du Dauphiné*, VALLÉE D'ALLEVARD, par le docteur B. NIEPCE, médecin inspecteur de l'établissement thermal d'Allevard, qui consacre un long souvenir au chevalier FÉLIX DE HONGRIE de Crouy-Chanel et à ses descendants qui portent, dit-il, encore aujourd'hui son nom et ses armes.

le contrat est passé en présence de Béatrix, épouse du dauphin Jean II et sœur de Charles-Robert d'Anjou, alors roi de Hongrie. L'acte porte que le futur est issu du sang royal de Hongrie : *A sanguine regis Hungariæ processus.*

Plus tard, au quinzième sièle, Rodolphe de Crouy-Chanel fait son testament et y insère cette clause, qu'aux anniversaires de sa mort, il sera célébrée une messe des morts, avec assistance de vingt-quatre prêtres, et qu'il sera fait un repas funéraire, selon la coutume de sa royale famille. *Secus nobilitatem antiquam et regiam familiæ Croy-Chanelis.*

Pendant une longue suite de siècles, le souvenir de cette origine illustre a été le mobile d'une foule de belles actions qui ont honoré cette famille et servi la France. On la trouve versant son sang dans toutes nos guerres, plus ou moins bien récompensée de ses sacrifices, mais jamais découragée.

L'extrait succinct de quelques documents, empruntés à des époques différentes, montrera, mieux que toutes nos paroles, combien était vif et profond chez elle le sentiment de l'honneur et du respect des aïeux, qui a été le caractère de la noblesse française.

Ces quelques pages tracées par la plume du docteur Niepce sont vraiment des pages historiques qui font foi des traditions locales, des vieilles légendes montagnardes du Dauphiné, et établissent de père en fils, par la tradition orale comme par les actes, la filiation de ces *Égistes* modernes échappés en quelque sorte miraculeusement au massacre, à l'empoisonnement, à la destruction de tous les leurs.

M. le docteur Niepce rappelle que Voltaire émettait l'opinion que la maison de Romanow, qui occupe aujourd'hui le trône de Russie, était issue du sang des Huns, et il la rattache à celui de Saint-Etienne.

Il a, en outre, reproduit la légende séculaire de la *dame blanche*, de la dame *esprit de la tour du Treuil;* quoique son récit soit contraire à la vérité historique il n'en a pas moins le charme poétique d'une tradition légendaire transmise à travers les siècles.

Cette légende avait déjà été traitée dans un esprit beaucoup plus conforme à la vérité historique par un écrivain local, M. Alfred de Bougy, dont je vais avoir occasion de parler. G. S.

Le premier est une lettre écrite en 1541, par Michelle de Grolée.

Louis-Georges de Chanel, son fils, part pour la guerre; elle lui écrit à Lyon :

« Je ne fauldrai, mon chier fils, à user de mon advantage de
» vostre bonne mère, pour vous aider de mes deniers et con-
» seils, à ce qu'estant prosche de vostre despart pour la guerre,
» vous ne manquiés, pour vous ayder au besoing, ni de l'ung
» ni de l'autre.

» Et premier vous envoye dix-neuf escus d'or au soleil, qui
» sont le fruict de plusieurs espargnes que vous conseille aussi
» de faire tant que vous pourrez, vous soubvenant de n'oublier
» Dieu ni le courage de vos pères, combien qu'ils se sont apaul-
» vris en servant les roys de France.

» Vous soubvienne de l'hastiveté à guerroyer de Pierre de
» Chanel, en la bataille de Varay.

» Il n'est seul de vos pères qui ayt ainssi fait : ains ont tous
» despendu leurs biens et sang en guerres.

» Vous soubvienne aussy ne vous adresser qu'à des gens
» droits de courage, sans fraulde, caultelles ne vanteries...

» Finis, mon chier fils, vous recommandant à monseigneur
» saint Georges, vostre très-illustre patron. »

Qu'ont dit de mieux les mères si vantées de l'antiquité ?

Un autre membre de la même famille, Jehan de Chanel, revenant de l'Orient, écrit de Marseille à sa mère, en 1553 :

« Si m'avez bien vollu aider de vos conseils et deniers, ayant
» en cella suivi vostre tout naturelle inclination envers Dieu et
» vostre enfant, pues-je dire aussi que mon respect envers vous,
» et ma dévotion en vostre patrone et la mienne, ainsi qu'en
» monseigneur saint Jean, m'ont servi plus que je ne saurais
» dire.

» Or, affin que ma joie de revenir fust soubvent détrempée
» de larmes et de tristesse, nous sont morts plusieurs bons et
» vaillants chevalliers, même le chevallier de Bonne et le che-

» vallier de Coste, que n'aye quicté oncque jusqu'à sa mort,
» qu'il a faict bien dévotement, s'étant confessé à moi faulte
» de mieux.

» Si vous dirai, se ne me vouloir festoyer et vanter que ai
» contribué de mon mieux en la bataille que havons gagné et
» emporté en la ville de Janara, et y ai bien occis, pour ma
» part, dix et sept Maures, dont en ai étranglé deux de mes
» mains et pieds.

» Si scaurés qu'estions plus de trois cents chevalliers, à tout
» sans armes, que nous en estions tant servi, et y ai perdu
» mon beau cheval de poil moret... »

Quatre ans plus tard, la fortune a été moins favorable au même Jéhan de Chanel : il est prisonnier des Espagnols, et il écrit à son père, Louis-Georges de Chanel, le 17 juillet 1557 :

« Ne say par où commencer, bres, las, chestifs, plus sommes-
» nous pillés et blessés, que ne saurais vous dire. »

Il raconte la perte de la bataille, sa captivité, et il ajoute :
« Mon bon patron ne nous a du tout délaissé : sont venus à
» moy, messeigneurs de Coligny et le maréchal de Saint-An-
» dré, et n'osions parler à eux de mal et pauvreté, dont mon-
» seigneur de Coligny dit à moy : — N'estes-vous fils du bon
» Loys-Georges de Chanel ? — Si faict, monseigneur, ai-je ré-
» pondu.— Par saint Jehan, me dit-il, plorant de rage, havons
» esté plus de heureuse fortune en la bataille de Cerisolles,
» dont estait vostre père, et me fit bon service et au roy. Il
» aimait moult ses ayses ; mais quand ugne fois avait le cul
» sur la selle, c'était le plus vaillant et soigneux capitaine qui
» se peut troubver : assaillait tout faible ou fort qui se présen-
» tât devant lui ; et il print d'ugne merveilleuse force les chais-
» nes que le seigneur marquis du Guast avait fait faire, cuy-
» dant enchaîner nos gens ; et de suicte nous a départi cent
» florins. »

Ce Jéhan de Chanel eut un fils, appelé Claude, qui lui écrivait en 1562 :

« Je n'estais ignorant, quand me l'avez marqué, que la rue
» de Jérusalem print son nom des guerres et batailles de nos
» pères en la Terre-Sainte (1).

» Mesmement la aspre mémoire d'eux, nuict et jour, me
» admonestent moult soubvent en dormant, pour les aires et
» violences que, pendant tant de ans, ils ont estés en tant de
» peisnes et labeurs.

» Et tout ainsi, mon très-chier et honoré père, pour ensui-
» vre vos bons avis, je veux faire tout ce que je cuidrais qu'ils
» fassent, s'ils vivaient, et vous prie tenir pour certain que mon
» chier et bien aimé ami Pierre Charra, tous deux vollons mon-
» trer et déclarer à vous nos bonnes besougnes, de peur estre
» mesprisés. »

Nous terminons ces citations par celle d'une lettre qu'écrivait
le maréchal de Lesdiguières à Claude Chanel, le 20 avril 1598 :

« Je n'ai pu, jusques à cette heure vous témoigner mes sen-

---

(1) Nous trouvons dans un Essai historique et statistique très-remarquable, de
M. Alfred de Bougy, sur l'ancien mandement d'Allevard, lu à la Société statistique
de l'Isère, à propos de l'arrivée, à Allevard, d'un *étranger* qui épousa Guigone de
la Chambre, un résumé très-bien fait de la véritable situation de Félix, que l'érudit
écrivain termine par la déclaration que son récit *repose sur des actes publics dont
l'authenticité ne peut être révoquée en douie et qu'il a pu voir et consulter dans
l'ancienne Chambre des comptes du Dauphiné.* Ces titres, dit M. de Bougy, dans
un autre passage de son Essai, sont contenus dans un gros registre, coté 41e,
Generalia et in Jesum-Christum. Ce volume fait partie d'une collection dont il importerait, ajoute-t-il, d'opérer le dépouillement entier.

M. de Bougy explique de quelle circonstance la rue et la place de Jérusalem, à
Allevard, tirent leur nom. Nous avons découvert le mystère de ce nom, dit-il, en
parcourant de vieilles lettres. « Les premiers Chanel de Hongrie prirent part aux
» croisades et conservèrent en Dauphiné le cri de guerre : *Jérusalem*. Ce mot
» était gravé sur leur blason. Ajoutons que la bannière de ces princes déchus flottait
» *dans la Tour de Chanel*, située à Bellecombe, *au Plan-Chanel, à la Tour du
» Treuil, à la Tour d'Allevard*, et enfin *sur les murs du logis qu'ils possédaient
» au sein du quartier*, qui a conservé le nom de JÉRUSALEM depuis cette époque. »
Voir en outre l'ouvrage du docteur Niepce, que j'ai cité précédemment.

G. S.

» timents de contentement et de satisfaction pour votre bonne
» conduite, en la prise du fort de Barraulx, en laquelle vous
» avez le plus contribué par vostre prudence, valleur et acti-
» vité...
» Je vous dirai que je ne attendais pas moins de vous, qui
trouvez dans vostre famille exemples de toutes vertus et
excellente conduite. J'ai chargé mon secrétaire Galbert de
vous témoigner mes pensées à vostre égard. Je vous aurais
fait expédier sur-le-champ des lettres de noblesse, comme
j'ai faict à mon cadet de Charence, *si n'estait notoire que vos*
» *ancestres en octroyaient aux autres*, et puisque ne puys ainsi
» reconnaître le grand et bon service qu'avez rendu au roy en
» cette occasion, je vous prie m'aider à trouver celle de servir
» à votre avancement, et suis de toute mon âme votre affec-
» tionné amy. »

La discorde se glissa dans cette famille, dans des circonstances qui sont une vive image et des temps et des traditions auxquelles elle était demeurée fidèle. Tous les Crouy-Chanel s'étaient voués soit à l'Église, soit à l'armée, jusqu'à la fin du dix-septième siècle.

Claude de Crouy-Chanel avait d'abord suivi la carrière des armes, à l'exemple de ses pères ; il avait été capitaine ; puis, pour une raison que nous ne connaissons pas, il s'était fait greffier au bailliage du Graisivaudan.

Le père, irrité, l'en punit en le déshéritant.

Ce fait est attesté par une transaction intervenue entre le père et le fils à la date du 2 février 1670. Le fils demandait à son père de pourvoir à sa subsistance. Ce dernier répond, par un acte extra-judiciaire, « qu'il veut bien obtempérer à la prière
» de son fils, bien qu'il ait grand sujet de plainte contre lui,
» pour ce qu'il avait quitté le service du roy pour acheter une
» charge de greffier, et qu'ainsi il avait mis dans sa maison des
» gens de justice qui n'y étaient oncques entrés ;
» Que ne pouvant cependant manquer de sa parole et vo-

» lonté mise et écrite en son testament en faveur de noble
» Marc-Victor de Chanel, son neveu, capitaine de cavalerie, il
» abandonne à son fils la jouissance d'une rente. »

On voit, à partir de cette époque, les membres de la famille de Crouy-Chanel suivre les uns la carrière des armes, les autres celle de la magistrature et du barreau. En 1790, cette famille se composait de trois frères, savoir :

Jean-Claude,
François-Nicolas,
François-Paul.

L'aîné, Jean-Claude, était substitut du procureur général au Parlement du Dauphiné ;

Le cadet, François-Nicolas, était avocat au même Parlement ;

Le troisième, François-Paul, était religieux de l'ordre des frères prêcheurs.

M. le commissaire impérial a élevé un premier doute en ce qui concerne ces trois frères. « Rien ne prouve, dit-il, que François-Paul ne fût pas l'aîné de François-Nicolas. » Cela importerait au fond assez peu, puisqu'il est établi que François-Paul est mort religieux de l'ordre des frères prêcheurs ; mais des documents nombreux et authentiques démontrent qu'il était bien le plus jeune des trois frères. L'objection doit donc être écartée à tous les points de vue.

M. le commissaire impérial a élevé un autre doute sur le fait de l'extinction de la branche aînée, en 1844.

Cette extinction est, au contraire, établie de la manière la plus péremptoire.

Jean-Claude Chanel, l'aîné des trois frères, a eu un fils, Claude Chanel, né le 10 décembre 1741.

Claude Chanel a servi dans l'armée française en qualité de capitaine de dragons.

De son mariage sont nés trois enfants, dont deux filles et un fils, Claude-François Chanel, né en 1774. C'est celui qui a soutenu le procès dont nous avons parlé, contre les princes de

Croy. Claude-François Chanel, comte de l'Empire, est décédé à Paris le 9 janvier 1844.

Un acte authentique de notoriété constate qu'il n'a pas laissé d'enfant mâle : avec lui s'est donc éteinte la branche AÎNÉE des Crouy-Chanel (1).

Voici maintenant ce qui concerne la branche cadette. François-Nicolas, second fils de Claude III, l'un des demandeurs dans l'affaire de 1790, a eu cinq enfants, dont trois fils, savoir : Claude-François Chanel, père de l'exposant; Claude-Henry, qui a été officier d'artillerie, et François-Zacharie, qui est mort officier du génie.

Claude-François est mort le 3 décembre 1837, à l'âge de quatre-vingt-trois ans. Il avait été conservateur des forêts et décoré de la Légion d'honneur. Claude-François, aîné de la branche cadette, ne pouvait prendre le titre de prince, puisque ce titre appartenait à la branche aînée, qui s'est éteinte postérieurement à sa mort, mais il portait celui de marquis, et c'est avec ce titre qu'il figure dans l'acte de naissance de son fils, et dans celui de son propre décès.

Du mariage de Claude-François sont nés entre autres deux enfants :

François-Claude-Auguste, l'exposant, qui est l'aîné, et Nicolas-Jean-Henri.

Ce dernier, le comte Henri, a quitté la France et est allé vivre en Autriche. C'est lui qui a saisi les députés de la Hongrie de la demande tendant à obtenir l'indigénat. Il a des fils qui sont officiers dans l'armée autrichienne ; ce sont eux qui ont obtenu le droit de porter la croix de Malte (2). La branche aînée

---

(1) Je prie le lecteur de ne pas perdre de vue ces minutieuses recherches et d'en conserver le souvenir lorsqu'il aura à apprécier la décision du Conseil du sceau.
G. S.

(2) Et en outre, un plus jeune fils, Auguste de CROUY-TSCHICHAKOFF, qui sert dans la marine française en qualité de lieutenant de vaisseau.   G. S.

ne s'est donc pas perpétuée en Hongrie, comme le suppose M. le commissaire impérial.

L'exposant est resté en France, et sitôt après la mort du dernier représentant de la branche aînée, *il a pris et porté sans contestation le titre de prince.*

C'est avec ce titre (DE PRINCE) qu'il a été reçu, à plusieurs reprises (en 1847), par le roi Louis-Philippe, et qu'il a été autorisé par S. M. l'Empereur à porter la décoration de commandeur de l'ordre de Saint-Grégoire-le-Grand. C'est encore avec ce titre que ses filles ont reçu de Rome des lettres de naturalisation (1).

Le Conseil a entendu tout ce que nous avions à dire sur la première question. Les faits que nous avons essayé de mettre en lumière, et que nous considérons comme établis, sont : qu'à la fin du treizième siècle vivaient en France dans l'ancienne province de Picardie, et dans celle du Dauphiné, deux frères, FÉLIX et MARC de CROUY-CHANEL ; que ces deux frères étaient les fils légitimes d'André III, le dernier roi de Hongrie, de la race de Saint-Étienne et de la dynastie des Arpad ; que l'aîné, FÉLIX,

A été l'auteur d'une famille qui est demeurée en France, et s'y est perpétuée jusqu'à nos jours ; enfin, que l'exposant est le représentant et le chef de cette famille.

M. de Crouy-Chanel est-il fondé à revendiquer le titre de prince, en vertu de cette royale origine ? Voilà la seconde question qui s'offre à notre examen, et que vous avez à résoudre.

Cette solution serait facile, si l'opinion de M. le commissaire impérial pouvait prévaloir devant le Conseil. « Vous prétendez, » dit-il, être un descendant des anciens rois de Hongrie, » faites juger cette question en Hongrie, faites-y reconnaître

---

(1) Voir ce que je dirai à ce sujet aux Pièces justificatives.

» les droits que peut vous donner cette origine ; puis, pré-
» sentez-vous devant le Conseil, qui appréciera la demande que
» vous aurez formée pour être autorisé à porter en France un
» titre étranger. »

Nous avons dû rechercher si la législation, tant moderne qu'ancienne, autorisait cette procédure sommaire, et nous avons constaté d'abord que la législation postérieure à 1789 N'A PAS PRÉVU LE CAS ACTUEL.

L'article 1er du décret du 5 mars 1859 dispose, en effet, qu'aucun Français ne peut porter en France un titre CONFÉRÉ par un souverain étranger, sans y avoir été autorisé par un décret impérial.

Telle était aussi la disposition d'une ordonnance de 1819, qui n'a point été insérée au *Bulletin des lois*.

Ce n'est pas là un droit nouveau.

L'ancienne monarchie avait proclamé les mêmes principes, et il a été tenu de tout temps, pour maxime, que le Français anobli par un souverain étranger ne pouvait jouir de la noblesse en France, s'il n'avait obtenu du roi des lettres de confirmation, parce que, disait-on, Sa Majesté seule peut anoblir *ses sujets*.

Mais M. de Crouy-Chanel ne se trouve pas dans cette situation.

Nous n'avons pas devant nous un Français anobli par un souverain étranger.

Il s'agit, en effet, du descendant des fils d'un souverain étranger, qui étaient princes par droit de naissance, et qui sont venus résider en France.

Ont-ils perdu leur titre, comme leur patrie, ou bien l'ont-ils conservé ?

Voilà la vraie question, ET ELLE N'EST PAS PRÉVUE PAR LA LÉGISLATION DE 1859.

Nous l'avons trouvée, au contraire, discutée et résolue sous l'empire des lois antérieures à 1789.

Les principes universellement admis sous l'ancienne monarchie, c'est que celui qui est noble dans son pays est noble partout.

Les auteurs qui ont traité de cette matière font remarquer que, c'est là un droit inconnu de la société *païenne*, et qui date du *christianisme*.

On enseignait : — que la noblesse est une qualité inhérente à la personne, et que tout noble qui s'établissait en France était présumé, DE DROIT, avoir été reçu en cette qualité.

Loyseau, qui écrivait sous le règne de Henri IV, émet cette opinion, de la manière la plus expresse, dans son Traité des trois Ordres de la Noblesse. « Entre les Romains, dit-il, la no-
» blesse ne pouvait appartenir qu'aux citoyens de Rome. Mais
» les Français sont si courtois envers les étrangers, que je tiens
» pour certain que l'étranger, et notamment celui qui est des
» États amis et alliés de ce royaume, étant assurément noble en
» son pays, sera tenu pour tel en France, et sera exempt de
» tous subsides roturiers. Chose certes fort séante et utile à la
» société des hommes, principalement entre les chrétiens, et
» surtout entre les alliés, de reconnaître chez soi réciproque-
» ment son voisin, en la qualité qu'il a en son pays, soit que
» l'étranger ne soit naturalisé, parce qu'en ce cas, il demeure
» en la qualité de son pays, soit qu'il ait été fait citoyen du
» royaume; car il est présumé y avoir été reçu en sa propre et
» primitive qualité. »

Nous faisons remarquer au Conseil que c'était là le droit français dans des temps où la société n'était pas fondée sur l'égalité, où la noblesse n'était pas, comme aujourd'hui, un simple titre honorifique, mais où elle entraînait des priviléges et des immunités de toute nature. Le Conseil remarquera encore qu'à cette époque on ne faisait aucune distinction entre l'étranger simple résident et l'étranger naturalisé.

De la Roque, dans son Traité de la Noblesse, professe les

mêmes maximes : « Celui, dit-il, qui est noble en un lieu, est
» nécessairement noble partout, puisque la qualité de l'homme
» n'est pas moins indivisible que sa propre substance; et il est
» de la bienséance et de l'utilité pour l'entretien de la société
» des hommes, principalement entre les chrétiens, de recon-
» naître chez soi la noblesse d'un étranger... La noblesse est
» donc une qualité inhérente à la personne, qui se porte par-
» tout : *Cœlum, non animam, mutant qui trans mare cur-*
» *runt.* »

De la Roque dit encore : « Les docteurs tiennent unanime-
» ment que l'étranger qui est noble dans son pays conserve
» cette qualité partout, et il se voit que plusieurs familles de
» France ont été réputées des plus nobles en Espagne, comme
» Braquemont. Cela s'observe en Allemagne, en Italie, en An-
» gleterre et ailleurs, de même qu'en France, où les gentils-
» hommes étrangers, qui s'y sont habitués, ont été admis au
» rang de la noblesse. »

Nous trouvons enfin les mêmes principes dans le répertoire
de Merlin, au mot *noblesse*. « Celui qui est noble dans un lieu
» est noble partout. En effet, la qualité de l'homme n'est pas
» moins indivisible que sa propre substance.

» L'étranger qui jouissait dans son pays d'une noblesse ori-
» ginaire, ou qui a obtenu de son souverain des lettres d'ano-
» blissement, jouira donc en France de la noblesse et de tou-
» tes ses prérogatives, de la même manière que s'il fût demeuré
» dans sa patrie. De même le Français noble conserve sa noblesse
» dans le pays étranger : cela est fondé sur ce principe, géné-
» ralement reconnu, que la noblesse est une qualité inhérente
» à la personne, et qui la suit partout. Pour obtenir cette préro-
» gative, il n'est pas nécessaire que l'étranger soit naturalisé. »

L'histoire de la famille impériale nous offre un exemple, entre
mille autres, de l'application de ces principes.

Les règlements voulaient autrefois qu'on justifiât de la noblesse pour obtenir une bourse à l'Ecole Militaire.

En 1777, Charles-Marie Bonaparte en demanda une pour son fils Napoléon.

Comment Charles-Marie Bonaparte fit-il ses preuves?

Ce ne fut pas en établissant qu'il était noble français ou noble corse, mais il prouva qu'il descendait d'une famille noble d'Italie, et Napoléon fut admis à l'Ecole Militaire de Brienne (1).

Le prince étranger qui venait s'établir en France y conservait-il aussi son titre de prince, comme le noble étranger y gardait son droit de noblesse? Voilà la question qu'il faut aborder directement.

La plus haute dignité, le degré suprême dans les noblesses, c'est le titre de prince. Les jurisconsultes de l'ancienne monarchie enseignaient que, dans la réalité ce titre ne devrait appartenir qu'au seul souverain, attendu que prince, selon sa véritable étymologie, signifie le chef, celui qui a la souveraineté de l'Etat. Mais, ajoute Loyseau, « ce prince qui est la vive
» image de Dieu, est si auguste et si plein de majesté, que ceux
» qui naissent de lui, ou qui lui touchent de parenté mascu-
» line, méritent bien un respect particulier et un rang au-dessus
» des autres sujets. De là le nom de prince, bien qu'ils n'aient
» pas la jouissance de la vraie principauté, qui est la souverai-
» neté, mais seulement l'aptitude d'y parvenir. »

Pendant la féodalité, les grands vassaux avaient pris ce titre de prince, qui pouvait bien leur appartenir, puisqu'ils possédaient des droits de souveraineté. Plus tard on avait vu quelques rois ériger des terres en principautés pour gratifier leurs favoris, et des seigneurs usurper cette qualité. Mais à mesure que la royauté avait grandi, une réaction s'était faite; on proclamait du temps de Loyseau ce principe, que le titre et le rang de prince provenaient *de la naissance et de la race*, et que la principauté n'était pas DATIVE, mais NATIVE, c'est ce qui

---

(1) Je reviendrai sur cet exemple après avoir fait connaître la décision de la commission. G. S.

avait fait dire au comte de Saint-Paul, prince du sang de la maison de Bourbon, que consultait le roi François, sur l'érection d'une principauté : « *Votre Majesté ne peut faire de prince* » *qu'à la reine.* »

Chose bien remarquable! cette nation si jalouse de cette grande dignité de prince, dont elle ne reconnaissait le titre et les prérogatives que pour les membres de la famille souveraine, cette nation n'était pas moins hospitalière pour les princes étrangers que pour les nobles étrangers, tant était vif et profond chez elle ce respect de la souveraineté, même quand elle ne commandait pas.

Les auteurs qui ont traité cette matière s'en expliquent de la manière la plus expresse :

« La bonté et adresse de nos rois, dit Loyseau, a laissé ins-
» taller en l'ordre des princes les descendus des souverainetés
» étrangères, ce qui s'est pratiqué bien à propos, car il en re-
» vient beaucoup d'honneur, d'assurance et d'accroissement à
» ce royaume. Honneur, en ce qu'on voit à la cour de France,
» comme un recueil et amas de maisons souveraines de la chré-
» tienté; assurance, en tant que ces princes étrangers nous
» sont comme des otages volontaires et perpétuels des allian-
» ces que nous avons avec le chef de leurs maisons; accrois-
» sement aussi, pour ce qu'ils apportent en France leurs
» moyens, leur créance et leurs amis; et surtout leurs géné-
» reuses personnes, qui sont autant de capitaines au besoin; et
» de vérité il faut avouer qu'ils ont fait de signalés services au
» royaume.........

» Voilà donc deux sortes de princes reconnus en France, à
» savoir les princes français et les princes étrangers, qui, à la
» vérité, ne sont si vraiment et si proprement princes que ceux
» du sang. »

Loyseau ajoute que les princes étrangers, non-seulement conservaient leur titre, mais avaient quelques-unes des prérogatives appartenant aux princes du sang, comme de marcher au rang des princes, et partant de précéder tous les grands seigneurs et les grands officiers, d'avoir entrée, séance et voix au conseil d'Etat ; mais ils n'avaient point entrée au Parlement.

Telle était encore la législation, à l'époque où Guyot rédigeait son réquisitoire. Nous y lisons au mot *Princes* étrangers : « 1° ceux qui ont des souverainetés sous la protection de la
» France, et qui résident en France ; 2° CEUX QUI SONT ISSUS DE
» MAISONS SOUVERAINES, quoiqu'ils ne possèdent pas eux-
» mêmes de souveraineté, et qui ont aussi fixé leur résidence
» en France. »

Guyot cite le traité de Loyseau, et il ajoute : « Jean de Clèves
» est le premier prince étranger qui se soit établi en France...
» Les princes de la maison de Clèves étaient en France à peu
» près au niveau des princes du sang de France ; ils ne cédaient
» le pas qu'à ceux qui étaient chefs de maisons ; ils préten-
» daient avoir le pas sur les princes, et allaient au moins de
» pair avec eux.

» Sous les règnes suivants, nous avons eu successivement
» d'autres princes de différentes maisons souveraines, nous
» en avons eu de la maison de Lorraine, de la maison de Sa-
» voie, de celle de Gonzague, et les Rohan, de l'ancienne mai-
» son de Bretagne. Tous ces princes établis en France ont
» toujours été reconnus pour princes, et y ont joui, à ce titre,
» d'honneurs et de distinctions particulières. »

Les temps postérieurs aux auteurs que nous venons de citer offrent des exemples de l'application des mêmes principes. Le premier est antérieur de quelques années à la révolution de 1789.

Deux frères, dont l'un était simple capitaine dans l'armée française, MM. Démétrius Comnène, prétendaient être les descendants légitimes de David, dernier empereur de Trébizonde. Cette origine fut prouvée ; sur le rapport de Chérin, des lettres patentes d'avril 1782 reconnurent ces droits, et l'un d'eux fut présenté à la Cour sous le titre de *prince* Démétrius Comnène.

Les temps très-voisins nous offrent un exemple analogue. MM. de la Tour-d'Auvergne-Lauraguais prétendirent que le titre de prince leur appartenait comme descendants de la maison souveraine des comtes d'Auvergne, ducs d'Aquitaine. M. Duvergier, alors bâtonnier de l'ordre des avocats, fit dans ce sens, en 1846, une consultation, à laquelle adhérèrent MM. Paillet, Béguin-Billecoq, Chaix-d'Est-Ange, Roux, Feral et Odilon Barrot. MM. de la Tour d'Auvergne ont pris depuis lors et ont porté sans contestation le titre de prince, et c'est à ce titre que figure, dans l'Almanach impérial, un membre de cette famille qui exerce actuellement des fonctions diplomatiques.

La législation antérieure à 1789 était donc claire, et pourtant deux questions nous préoccupaient encore. Nous nous demandions, d'une part, si ce titre de prince était reconnu, même dans les familles étrangères, que les révolutions ou les conquêtes avaient dépouillées de la souveraineté; et d'autre part, si ce titre négligé, abdiqué en quelque sorte pendant une suite, plus ou moins longue, de générations, pouvait être relevé et ne s'était pas perdu par une espèce de prescription.

L'exemple du prince Démétrius Comnène, reconnu en cette qualité, en 1782, quoiqu'il descendît de David, dernier empereur de Trébizonde, tué par ordre de Mahomet II, était de nature à rassurer notre esprit. Mais la question a été traitée par les anciens jurisconsultes de manière à ne permettre aucun doute.

Voici, à ce sujet, les maximes professées par de La Roque :
« Les nobles DE RACE ne peuvent renoncer à cette qualité; car
» le père, qui la tient de ses aïeux, ne peut en faire préjudice
» à sa postérité.

» .....La noblesse est un droit de nature et ne peut être effa-
» cée par défaut des biens de la fortune....... Les richesses ne
» font pas la noblesse, et la pauvreté ne peut pas l'ôter.

» La noblesse ne se perd jamais, même par dérogeance,
» étant seulement suspendue pour revivre.

» CEUX QUI SONT ISSUS DE NOBLE RACE RECOUVRENT LEUR

» ÉTAT ENSUITE DE LEUR DÉROGEANCE, *ipso facto*, SANS LETTRES
» DE RÉHABILITATION.

» LES DROITS DU SANG NE PEUVENT JAMAIS SE PRESCRIRE. »

C'était, du reste, la doctrine qui était professée dans l'affaire même qui nous occupe, par le procureur général près la Cour des comptes du Dauphiné, en 1790.

De La Roque, allant plus loin, a consacré un chapitre spécial de son livre à l'examen de la question de savoir si le prince qui perd sa souveraineté, ou qui l'abandonne par un traité (1), peut être contrait d'en quitter le nom et les armes. De La Roque enseigne que si le souverain déchu y a consenti, ce traité doit être exécuté comme toute autre convention; mais, DANS LE CAS CONTRAIRE, *le souverain déchu garde son titre et ses armoiries.*

Les noms et les titres sont donc des biens imprescriptibles qui se transmettent avec le sang, et qui ne peuvent périr qu'avec le dernier descendant de la famille. Nul ne peut les acquérir par la possession, quelque longue qu'elle soit; nul que l'héritier *légitime* ne peut jamais les prendre, mais aussi l'héritier légitime ne peut jamais les perdre, quelque prolongée que soit l'interruption de cette possession.

Nous avons prouvé que, selon la pratique constante de l'ancienne monarchie, le noble étranger, le prince étranger, qui venaient s'établir en France, y conservaient leurs droits et leurs titres.

La question, qui se présentait naturellement, était de savoir

---

(1) Exemple : La maison régnante en Piémont cessera-t-elle de s'appeler MAISON DE SAVOIE, parce que le roi Victor-Emmanuel a consenti à l'annexion de la Savoie à la France?

Certes, non, et tant qu'elle existera, cette famille gardera le nom de *famille ou dynastie de Savoie*; tant qu'il aura DES ÉCUS, DES ARMOIRIES, elle gardera l'ÉCU DE SAVOIE. — Il est sien; et cependant elle est parfaitement dépossédée de son duché, tout comme André III et ses fils de leur royaume ou duché de Hongrie. G. S.

quelle justification était demandée dans de pareilles circonstances.

Tous les jurisconsultes, que nous avons cités déjà, ont traité cette question.

« L'étranger, dit Loyseau, étant assurément noble en son
» pays, sera tenu pour tel en France, et sera exempt de tous
» subsides roturiers... Mais, ajoute-t-il, a beau mentir qui
» vient de loin, comme on dit, et cette preuve en est souvent
» malaisée; de sorte qu'à mon avis LA DIFFICULTÉ EST PLUS EN
» FAIT QU'EN DROIT. Mais s'il en appert, par preuve concluante
» ou par notoriété de fait, comme un fils d'un grand seigneur
» de pays étranger qui sera venu s'habituer en France, lui
» ferons-nous payer la taille, ou bien lui ferons-nous acheter
» son anoblissement, vu que la noblesse est une qualité inhé-
» rente à la personne, et qui partant se porte partout : *Cœlum*
» *non animam mutant qui trans mare currunt.* »

De La Roque s'exprime ainsi : « La noblesse est une qualité
» inhérente à la personne; mais pour cela, un étranger qui
» veut établir sa noblesse dans ce royaume n'est pas moins
» obligé de la prouver, parce que cette qualité consiste plus
» en fait qu'en droit.

» La première preuve se fait par l'ancienneté de la race, qui
» doit être notoirement connue, tant par titres publics que par
» titres domestiques. Que si ce haut degré manque, il faut que
» l'étranger fasse apparoir de la concession de cette qualité par
» son souverain ; ou enfin qu'il fasse connaître que ses prédé-
» cesseurs ont possédé les charges et dignités du pays, exercées
» d'ordinaire par les nobles. »

Le Conseil voit que nous sommes bien loin du système présenté par M. le commissaire impérial. On ne demande pas au noble étranger, au prince étranger, qu'ils aillent faire vérifier dans leur pays leur généalogie ou faire reconnaître leurs titres.

Non!

C'est l'autorité française qui apprécie.

S'agit-il de la noblesse fondée sur la naissance?

C'est à l'aide des titres publics ou des titres domestiques qu'il faut établir sa filiation.

La noblesse a-t-elle été conférée à l'étranger, il faut produire les lettres-patentes.

Enfin la noblesse dérive-t-elle des charges et dignités, il faut prouver que ces dignités ont été reçues et qu'elles emportaient la noblesse en pays étranger. Voilà la jurisprudence attestée par les auteurs, celle que nous avons vue appliquée dans l'affaire du prince Démétrius, et la seule qui nous paraisse bonne et praticable.

Supposez, en effet, des individus bannis de leur pays, à la suite de troubles politiques ou de persécutions religieuses, comme cela s'est vu sous Louis XIV.

Supposez un prince chassé de ses États!

Comment tous ces exilés s'adresseront-ils au souverain de leur pays?

Nos pères ont compris autrement l'hospitalité française; et s'ils se sont montrés si bienvaillants dans des temps de priviléges, pourquoi serions-nous plus rigoureux, à une époque d'égalité où les barrières qui séparaient les peuples tendent de plus en plus à s'abaisser?

Qui pourrait donc prétendre, pour emprunter un exemple aux temps présents, que François II, roi de Naples, s'il venait s'établir en France, ne devrait porter le titre de prince qu'après l'avoir fait reconnaître et agréer par le nouveau roi d'Italie!!.....

La question soumise au Conseil se résume maintenant, à notre avis, en des termes très-simples.

M. de Crouy-Chanel n'a pas besoin de rechercher devant le Conseil quel est le titre qui lui appartient :

C'EST ÉVIDEMMENT CELUI DE PRINCE, S'IL ÉTABLIT QU'IL DESCEND D'UN SOUVERAIN EN LIGNE DIRECTE ET LÉGITIME.

Or, il prouve cette origine royale, soit par l'arrêt de la Chambre des comptes du Dauphiné, soit par une foule de documents authentiques QUI NE PERMETTENT PAS LE MOINDRE DOUTE.

Nous reconnaissons que ses ancêtres, soit pour des motifs politiques, soit à raison de la médiocrité de leur fortune, à qui cette origine illustre n'a jamais été contestée, n'ont point pris ce titre de prince (1), auquel leur donnait droit la bienveillante hospitalité de la France, et qu'ils se sont bornés à payer cette hospitalité de leur sang dans toutes nos guerres; mais il est de principe que les titres de l'ancienne noblesse ne périssent pas par l'interruption, si prolongée qu'elle soit, de la possession.

L'exposant paraît être pauvre, cela est encore vrai.

M. le procureur général articule qu'il reçoit des bienfaits de S. M. l'Empereur. M. de Crouy-Chanel va plus loin, et dans sa reconnaissance, il proclame : qu'il en vit.

Qu'importe (2) ?

---

(1) Cette objection a été soulevée par M. le commissaire impérial qui a trouvé dans ce fait un des prétextes à exclusion (voir ce que je dis dans l'exposé des *vu*, des *attendu* et des *considérant*.   G. S.

(2) Je ne saurais dire quel a été mon pénible étonnement en apprenant que l'un des motifs d'*exclusion* invoqués par M. le procureur général contre la juste requête de M. de Crouy-Chanel (*il ne faut pas dire les prétentions*) était : « QU'IL RECEVAIT DES BIENFAITS DE L'EMPEREUR. »

Il m'a fallu lire le rapport de M. le conseiller Langlais pour croire *à un tel considérant*.

Oui certes M. le *prince* AUGUSTE DE HONGRIE, le descendant d'une lignée de vingt-trois rois, reçoit, depuis dix ans, par ordre de l'Empereur, une pension annuelle que le chef de l'État a cru ne pas devoir fixer à plus de TROIS MILLE francs.

On a toujours professé chez nous et partout cette maxime : Que *les richesses ne font pas la noblesse*, et que *la pauvreté ne peut l'ôter.*

M. de Crouy-Chanel n'offre pas le seul exemple des vicissitudes humaines.

L'histoire nous montre les Paléologue réduits à la triste nécessité de faire, pour vivre, un petit commerce à Constantinople; les Cantacuzène, les Phocas, condamnés à labourer la terre; et qui sait ce que seront un jour les descendants de ces familles souveraines que nous avons vues honorées et glorieuses, et qui sont aujourd'hui dans l'exil?

Oui certes, disons-le, proclamons-le à l'éloge de l'Empereur, l'âme du PRINCE LOUIS est parfois ouverte aux souvenirs du passé, et un de ses bonheurs princiers est de témoigner à l'homme dont la tête fut pendant neuf mois, en 1839-40, en face de l'échafaud (1), que son cœur a gardé un affectueux souvenir de son dévouement, et le chiffre *officiel* est directement modifié.

Je n'hésite pas à le dire : M. de Crouy a toujours été trop heureux de ces retours de pensées vers une autre époque pour ne pas en éprouver comme un sentiment d'orgueil.

En croyant l'humilier, le chef du parquet l'a rehaussé, et si quelqu'un a souffert, a dû souffrir de cette confidence OFFICIELLE, mon cœur et mon intelligence me le disent : c'est, ce doit être l'Empereur ! C'EST, ce doit être LE PRINCE LOUIS !

G. S.

(1) Voir aux pièces justificatives tout ce qui est dit sous ce titre : DÉNI DE JUSTICE.

.... Nous proposons au Conseil de reconnaître que M. *Auguste* de CROUY-CHANEL a prouvé qu'il est :

LE DESCENDANT DIRECT ET LÉGITIME DES ANCIENS ROIS DE HONGRIE.

Et d'émettre l'avis, que :

A RAISON DE CETTE ROYALE ORIGINE, IL Y A LIEU DE L'ADMETTRE A PORTER HÉRÉDITAIREMENT LE TITRE DE PRINCE.

Signé : J. LANGLAIS (1).

M. le conseiller a fait suivre ce travail des *vu* et *considérant* suivants, qu'il a déposés en même temps que le rapport :

Vu et considérant qu'il résulte des documents produits et sus-visés, déjà appréciées par un arrêt de la Chambre des comptes du Dauphiné, en date du 26 mars 1790, et par un jugement du tribunal civil de Grenoble, en date du 26 mars 1839, que :

François-Claude-Auguste de CROUY-CHANEL DE HONGRIE

---

(1) Je dois ajouter à tous ces éclaircissements fournis par M. le conseiller Langlais, le résumé d'une consultation fournie le 7 février 1861 par M. de GIVODAN, directeur du collége héraldique et archéologique de France ;

« Il résulte évidemment de ce qui précède, dit-il, que c'est un droit et un devoir
» pour M. de Crouy-Chanel de faire revivre la noblesse de sa race, trop négligée
» par ses aïeux, et puisque les droits du sang ne se peuvent prescrire, M. de Crouy-
» Chanel reprend, *ipso jure*, la position nobiliaire que lui ont faite les rois de Hon-
» grie, dès qu'on reconnaît qu'il est un de leurs descendants en ligne directe.

» La position nobiliaire de M. de Croy-Chanel est alors certainement fixée : IL EST
» DE RACE ROYALE ET SOUVERAINE ; or les descendants de race royale ou sou-
» veraine portent en France comme en Russie et dans d'autres contrées de l'Eu-
» rope le titre de PRINCE *par le seul fait de leur extraction.* ....
.... En conséquence, nous disons, en empruntant les conclu-
» sions de Cherin en faveur de Démétrius Comnène, que M. de Crouy-Chanel EST
» SUSCEPTIBLE DE TOUTES LES DISTINCTIONS DUES A SON ORIGINE. »

Pour extrait conforme : G. S.

Est issu en ligne directe et légitime de :

Félix Crouy-Chanel, fils d'André III, dit le *Vénitien*, dernier roi de Hongrie, de la DYNASTIE DES ARPAD ;

Considérant que les princes étrangers ont toujours été admis en France à porter ce titre, à la condition d'y avoir fait préalablement vérifier leur filiation, dans la forme légale ;

Est d'avis de reconnaître que l'exposant a fait la preuve qu'il descend de l'ancienne famille royale de Hongrie, et de l'admettre à porter héréditairement le titre de Prince.

Ce travail a donné lieu non pas à une RÉFUTATION raisonnée et déposée, mais à une fin de non recevoir *tardive*, invoquée par M. le commissaire impérial, pour motiver le rejet de la demande ; fin de non recevoir prise, en partie, en considération par la majorité du Conseil.

Les convenances m'interdisent de faire connaître à quel chiffre cette majorité a été obtenue.

La décision du Conseil fut transmise à M. de Crouy par la lettre suivante de M. Ferrand, accompagnée du document officiel.

» Prince,

» Il résulte de la décision du Conseil impérial du sceau des titres dont j'ai eu l'honneur de vous donner communication, que la demande primitivement formée *n'était pas celle que vous auriez dû présenter.*

---

(1) C'est par erreur que j'ai dit dans la première édition que le duplicata des *vu* et *considérant* était joint à la lettre de M. Ferrand ; M. le référendaire a été complétement étranger à la communication qui a été faite de la pièce originale de ce document.

» Le Conseil en *constatant*, sur le rapport de M. Langlais, dont un exemplaire vous a été officiellement remis, votre descendance des anciens rois de la dynastie des Arpad, et en vous traçant la marche que vous auriez dû suivre, reconnaît par cela même votre titre de prince étranger comme étant la conséquence de votre origine.

» Pour vous conformer à l'avis du Conseil vous devez donc présenter une demande d'autorisation de porter en France un titre étranger (article 1ᵉʳ du décret du 5 mars 1859), ce qui n'est plus qu'une question de forme en présence du décret du 12 juin 1860 qui vous autorise déjà, sous le titre de prince de Crouy-Chanel, à porter la décoration de commandeur de l'ordre de Saint-Grégoire-le-Grand.

» J'attends maintenant vos ordres pour présenter cette nouvelle demande.

J'ai l'honneur d'être avec un profond respect,

PRINCE,

Votre très-humble et très-obéissant serviteur, A. FERRAND.

Paris, le 10 juin 1861.

En outre, M. de Crouy s'était procuré le duplicata des *vu* et *considérant* présentés par le Commissaire impérial et conçus en ces termes :

Le commissaire impérial près le Conseil du sceau des titres :

Vu la requête présentée par FERRAND, référendaire, au nom du Sr. *François-Claude-Auguste de* HONGRIE, se disant *prince de* Crouy-Chanel, et tendant à obtenir la reconnaissance du titre héréditaire de prince;

Vu la pétition adressée directement à l'Empereur par le requérant (21 mai 1860);

Vu les renseignements donnés par M. le préfet de police (26 juin) et l'avis défavorable de M. le procureur général (9 juillet 1860);

Vu l'acte de naissance (31 décembre 1793) de *François-Claude-Auguste* (le requérant), fils du *marquis Claude-François de* Crouy-Chanel de Hongrie;

Vu un tableau généalogique de la famille de Crouy-Chanel extrait d'une brochure en langue hongroise, intitulée *Familles de Hongrie*, par Yvan Nagy, Pesth, 1858 (1).

Vu ladite brochure, ainsi que la traduction en français d'un assez long passage relatif à la famille de Crouy-Chanel et d'après lequel le requérant serait le descendant d'André III, couronné roi de Hongrie le 4 août 1290;

Vu une notice biographique publiée dans le *Pilote*, journal de l'arrondissement d'Abbeville (1er novembre 1859) sur M. *Claude-François-Auguste de* Hongrie, *prince de* Crouy-Chanel;

Vu un brevet de chevalier de Saint-Louis (3 décembre 1816) délivré à *François-Claude-Auguste de* Hongrie, *marquis de* Crouy-Chanel, signé du roi Louis XVIII et du duc de Feltre;

---

(1) Voir aux pièces justificatives ainsi que pour toutes les pièces importantes signalées par M. le commissaire impérial.

Vu quatre pièces, 1ᵉʳ mars 1279, 9 février 1282, 27 avril 1282 et 5 décembre 1286, relatives à *Félix de* CROUY-CHANEL, fils D'ANDRÉ III, couronné roi de Hongrie le 4 août 1290, et établissant le détail des armes de la famille de CROUY-CHANEL;

Vu deux pièces (1309 et 16 juin 1316) relatives à *Antoine de* CROUY-CHANEL, *fils de* FÉLIX;

Vu quatre pièces (9 décembre 1308, 4 février 1327, 2 juillet 1330 et 27 mars 1331) relatives à *Pierre de* CROUY-CHANEL, fils *d'Antoine*;

Vu six pièces (9 février 1336, 17 octobre et 26 novembre 1340, 7 mai et 17 octobre 1341, et 1ᵉʳ octobre 1341) relatives à *Guillaume de* CHANEL, *fils de Pierre*;

Vu trois pièces (19 juin 1380, 25 février 1385 et 29 juin 1489) relatives à *Jean de* CHANEL, *fils de Guillaume*;

Vu trois pièces (8 février 1401, 2 avril 1404, 28 décembre 1426) relatives à *Jean de* CHANEL, deuxième du nom;

Vu trois pièces (24 août 1434, 15 août 1439 et 7 avril 1443) relatives à *Rodolphe de* CHANEL, fils de *Jean II* et de *Jeanne de Peloux*;

Vu six pièces (14 février 1457, 10 juin 1462, 22 novembre 1464, 23 février 1481, 28 décembre 1488 et 29 juin 1489) relatives à *Hector de* CHANEL, fils de *Rodolphe*;

Vu trois pièces (6 juin 1494, 5 août 1525, 9 mai 1530) relatives à *Jean de* CHANEL, fils *d'Hector*;

Vu six pièces (9 mai 1530, 16 août 1537, 8 novembre 1537, 21 février 1541, 8 août 1542 et 9 décembre 1560) relatives à *Louis-Georges de* CHANEL, *fils de Jean*;

Vu quatre pièces (8 mai 1553, 2 septembre 1553, 17 juillet 1557, 1ᵉʳ février 1568) relatives à *Jean de* CHANEL, *fils de Louis-Georges*;

Vu cinq pièces (2 avril 1562, 18 février 1565, 24 décembre 1575, 22 mai 1594, et 20 avril 1598) relatives à *Claude de* CHANEL, *fils de Jean* (la dernière de ces pièces est une lettre de M. DE LESDIGUIÈRES dans laquelle se trouve ce passage : « JE VOUS AURAIS FAIT SUR-LE-CHAMP » EXPÉDIER DES LETTRES DE NOBLESSE SI N'ÉTAIT NOTOIRE » QUE VOS ANCÊTRES EN OCTROYAIENT AUX AUTRES. »);

Vu trois pièces (12 novembre 1574, 8 septembre 1601 et 3 août 1602) relatives à *Philibert de* CHANEL, *fils de Claude*;

Vu cinq pièces (30 décembre 1603, 20 avril 1621, 16 février 1625, 20 mars 1624, et 22 novembre 1664) relatives à *François Laurent de* CHANEL, *fils de Philibert*;

Vu six pièces (5 avril 1626, 28 octobre 1654, 2 février 1670, 3 octobre 1671, 21 août 1679, et 5 novembre 1683) relatives à *Claude de* CHANEL, *fils de François-Laurent*;

Vu sept pièces (2 janvier 1721, 28 mars 1738, 11 juillet 1742, 30 janvier 1677, 20 janvier 1697, 19 novembre 1713 et décembre 1723) relatives à *Claude* CHANEL, fils de *Claude*;

Vu la requête (25 février 1790) adressée par *Jean-Claude* CHANEL et *François-Nicolas* CHANEL, *fils de Claude*, à la Chambre des comptes de la province du Dauphiné, à l'effet de faire reconnaître leur noblesse et leur descendance de FÉLIX DE CROUY-CHANEL, *fils du seigneur* ANDRÉ et *arrière-petit-fils* D'ANDRÉ IV, et d'obtenir la transcription sur les registres des archives de ladite Chambre des pièces susvisées qui constatent leur origine ;

Vu les conclusions favorables et longuement motivées (22 mars 1790) du procureur général en la Chambre des comptes du Dauphiné ;

Vu la décision de ladite chambre (26 mars 1790) déclarant que *Jean-Claude* et *François-Nicolas* ont suffisamment prouvé leur origine et leur descendance en ligne directe et masculine de *Félix* CROUY-CHANEL, *fils* d'ANDRÉ, ordonnant la transcription sur les registres des archives de la Chambre des pièces constatant l'ORIGINE DESDITS CHANEL ; et permettant à eux et à leurs descendants en ligne directe de jouir des droits, honneurs et priviléges de noblesse et armoiries et autres résultant desdits titres et actes, suivant et conformément aux lois du royaume ;

Vu une requête en addition de pièces et enregistrement d'icelles et le jugement de la Chambre des comptes du Dauphiné, qui fait droit à la requête de noble Jean-Claude Crouy de Chanel et de noble *François-Nicolas* CROUY DE CHANEL, et ordonne la transcription sur les registres des nouvelles pièces produites par eux à l'appui de leur généalogie ;

Vu la copie certifiée d'un jugement rendu à Amiens en 1290, entre Mme *Guigonne* DE LA CHAMBRE, veuve de noble seigneur FÉLIX DE HONGRIE, tutrice des trois enfants mineurs dudit FÉLIX ; *Antoine-André* et JEAN

DE HONGRIE d'une part, et le seigneur *Marc* DE HONGRIE, frère puîné dudit seigneur *Félix*, d'autre part ;

Vu la copie certifiée de l'acte constatant la fondation faite au chapitre de Notre-Dame d'Amiens en 1292, par Marguerite de Sicile, femme de CHARLES DE VALOIS, pour le repos de l'âme de feu noble chevalier FÉLIX DE HONGRIE, jadis seigneur en partie de Croy-sur-Somme, cousin de ladite Marguerite, et fils aîné de très-noble prince ANDRÉ DE HONGRIE ;

Vu l'obit d'Antoine de Hongrie dit Chanel, fils de FÉLIX DE HONGRIE (1396) fondation faite par GUILLAUME DE CROY, chanoine de la cathédrale d'Amiens ;

Vu l'obit de *Jean de* HONGRIE, dit CHANEL autrefois CROY (1441), fils de *Guillaume de* CROY-CHANEL ; fondation d'*Agnès de Croy*, dame d'honneur de la *duchesse de Bourgogne* et cousine dudit *Jean* DE CROY-CHANEL ;

Vu l'acte de naissance (9 novembre 1718,) de *François-Nicolas*, aïeul du requérant, fils de *Claude* CROUY-CHANEL ;

Vu une transaction entre ledit *François-Nicolas* et *Jean-Claude* CHANEL, son frère, au sujet des successions de *Claude* CHANEL et *Elisabeth* PISON, leurs père et mère (27 juillet 1754) ;

Vu l'acte de décès (25 septembre 1803) de *François-Nicolas* CROY-CHANEL ;

Vu l'acte de naissance (12 mai 1754) de *Claude-François-Nicolas* de CROUY-CHANEL ;

Vu l'acte de décès (3 décembre 1837) de *Claude-François, marquis* de CROUY-CHANEL DE HONGRIE ;

Vu un acte de vente par devant notaire (28 juin 1806), consenti par *Claude-François de* Croy-Chanel ;

Vu la copie collationnée d'une bulle adressée (23 juillet 1822) par le lieutenant du grand-maître de l'ordre de Saint-Jean de Jérusalem (dit de Malte) à *Claude-François* de Hongrie, *marquis de* Croy ;

Vu une consultation donnée par les généalogistes *don* Villevieille, bénédictin de la congrégation de Saint-Maur, Lacroix, généalogiste de l'ordre de Malte, Duprat-Taxis, généalogiste de l'ordre de Saint-Lazare, de Saint-Allais, auteur du Nobiliaire de France, Pavillet, ancien premier commis au cabinet des ordres du roi et ancien chef de la division des Archives de l'Empire, déclarant le droit par les membres de la famille de Crouy-Chanel à porter les armes de Hongrie, à l'exclusion de la famille des princes de Croï, qui ne prouvent pas leur descendance des anciens rois de Hongrie ;

Vu la copie d'une pièce déposée chez Beaufeu, notaire à Paris, de laquelle il résulte que *Claude-François de* Hongrie, *comte de* Croy, *Claude-François de* Hongrie, *marquis de* Croy et *Claude-Henry de* Hongrie, *comte de Croy*, ces deux derniers frères et cousins issus de germains dudit *comte de Croy* premier nommé, ont fait reconnaître par les membres de la commission des trois langues de France de l'ordre de St-Jean-de-Jérusalem (dit de Malte) leur droit, en qualité de descendants d'André II, roi de Hongrie (fils de Béla III, couronné roi de Hongrie le 13 janvier 1174) membre et l'un des bienfaiteurs dudit ordre, à porter la croix de dévotion de l'ordre (9 août 1816) ;

Vu un jugement (24 mars 1839) du tribunal de Grenoble, autorisant la rectification des actes de naissance de *Claude-François* «13 mai 1754,» de *Claude-Henry* « 15 juillet 1746 » et de *Claude-François* « 13 juillet 1775 » en ce sens que le nom de Crouy sera ajouté à celui de Chanel et le précédera ;

Vu une lettre (novembre 1844) de M. de Kis, agent aulique hongrois, à *Nicolas-Henri-Jean-François comte de* Crouy, chevalier héréditaire de Malte, lui faisant connaître que la demande faite par lui des droits de l'*indigénat* comme *descendant des rois de Hongrie* a été admise par les députés de la Hongrie, et à quelles conditions il pourra se prévaloir de cette décision ;

Vu la copie de l'avis officiel à *Frédéric de* Crouy-Chanel de Hongrie, du décret de l'empereur Ferdinand qui reconnaît son droit héréditaire à porter la croix de Malte ;

Vu l'avis officiel (15 avril 1860) à M. *William de* Crouy-Chanel de Hongrie, et à M. *Charles de* Crouy-Chanel de Hongrie (16 août 1859) de l'autorisation à eux accordée par l'empereur d'Autriche de porter, selon leur prérogative héréditaire, la croix de l'ordre de Saint-Jean-de-Jérusalem (Malte) ;

Vu les lettres de naturalisation romaine, accordées par le gouvernement romain (28 janvier 1848) aux filles de *François-Claude-Auguste de* Hongrie, *prince et marquis de* Crouy-Chanel ;

Sans rechercher si le requérant a le droit de prendre le nom de Crouy (1) ;

Attendu que ledit requérant motive sa demande en reconnaissance du titre de PRINCE sur ce qu'il descendrait en ligne masculine, légitime et directe, D'ANDRÉ III, ancien roi de Hongrie ;

Mais attendu que, aux termes de la requête, *François-Claude-Auguste* serait le petit-fils de *François-Nicolas*, fils de *Claude III* (descendant à la seizième génération d'ANDRÉ III, roi de Hongrie);

Attendu que ledit Claude III a eu trois fils, *Jean-Claude, François-Nicolas* et *François-Paul*;

Que rien ne prouve cette allégation de la requête, que la branche aînée continuée par *Jean-Claude* se soit éteinte dans les mâles vers 1840 (2) ;

Qu'il n'est pas davantage prouvé que *François-Nicolas* fût l'aîné de *François-Paul* (3) ;

Attendu que dans les pièces produites le titre de prince n'est attribué à aucun des descendants d'André III (4) ;

Qu'ils ne sont jamais qualifiés que du titre de noble ou écuyer ; (*Voir la note 4.*)

---

(1) On n'a pas à le rechercher. Il y a jugement du 24 mars 1839 du tribunal de Grenoble. G. S.

(2) Il a suffi d'une enquête pour prouver ce fait. G. S.

(3) La présentation des actes de naissance a levé cette difficulté. G. S.

(4) Ce fait est positif ; mais ils se qualifiaient de NOBLE, PUISSANT ET MAGNIFIQUE HOMME SEIGNEUR, et on les qualifiait de ILLUSTRE CHEVALIER TRÈS-NOBLE, NOBLISSIME — Voir aux pièces justificatives divers actes et entr'autres les *obit*.

En vérité, on doit regretter, dans une question sérieuse, de voir un homme grave, un magistrat, un commissaire impérial près d'un conseil aussi élevé que le conseil du sceau, entasser ainsi des *attendu* sans portée et jouer en quelque sorte sur les mots.

Attendu que si le père du requérant est qualifié marquis dans l'acte de naissance de son fils et dans son acte de décès, il faut remarquer qu'il est le premier de la famille de Crouy-Chanel auquel un titre nobiliaire soit attribué, et que rien ne prouve son droit à porter ce titre ;

Attendu que la seule pièce officielle attribuant le titre de prince au requérant consiste en des lettres de naturalisation romaine pour les filles du requérant ;

Attendu que cette pièce, émanée d'une cour étrangère, ne peut établir à elle seule le droit du requérant à porter le titre de prince ;

Attendu que pour prétendre au titre de prince, le re-

Que M. le commissaire impérial nous permette de lui rappeler la *devise* des vieux Rohan, qui ne voulaient être que Rohan et qui cependant se considéraient comme de la plus haute noblesse :

ROI NE PUIS
DUC NE DAIGNE
DE BRETAIGNE
ROHAN SUIS.

Changez BRETAIGNE en HONGRIE et ROHAN en CROUY et qu'on nous dise si la devise ne serait pas parfaitement applicable aux FILS D'ARPAD.

Les vieux Coucy étaient de même que les Rohan ; ils ne voulaient pas de titres :

NE SUIS ROY NI PRINCE AUSSI
JE SUIS LE SIRE DE COUCY.

Si un fils des Coucy se présentait à M. le commissaire impérial, sans doute ce magistrat lui demanderait les lettres-patentes qui l'autorisent à se dire SIRE :

« ELLES SONT DANS LE FAIT DE MA FILIATION », devrait répondre le SIRE DE COUCY; IL N'Y EN A JAMAIS EU CHEZ MES ANCÊTRES.

Et comme l'histoire en passe par là, il faudrait bien que M. le commissaire impérial fît comme l'histoire.

Ainsi doit-il être pour les SIRE DE CROUY, leurs lettres-patentes sont dans l'histoire, dans le fait de leur filiation.

SUM QUIA SUM.

quérant ne se fonde ni SUR DES LETTRES-PATENTES, ni sur un titre original quelconque, mais bien SUR LA DESCENDANCE D'UNE FAMILLE ROYALE ÉTRANGÈRE ;

Que dès lors ce serait au gouvernement du pays où auraient régné les ancêtres du requérant à déterminer, d'après les règles admises par lui en pareille matière, quels droits peut conférer cette origine, sauf au gouvernement français à examiner ensuite s'il devrait accorder l'autorisation de porter en France le titre dont s'agit ;

Attendu que cette marche aurait dû être suivie, d'autant mieux qu'il paraît exister en Hongrie une branche de la famille de Crouy-Chanel (ainsi qu'il semble résulter de plusieurs pièces susvisées et notamment de l'avis officiel donné à William et à Charles de Crouy-Chanel, officiers au service du gouvernement autrichien, de la reconnaissance par l'empereur François-Joseph de leur droit héréditaire à porter la croix de Malte) ;

Attendu qu'il n'est fourni aucune explication au sujet de ladite branche, que rien ne prouve que cette branche ne soit pas la continuation de la branche aînée, que la requête dit s'être éteinte vers 1840 (1) ;

Attendu, en outre, que dans les pièces relatives aux membres de la branche établie en Hongrie, le gouvernement autrichien, tout en reconnaissant leur origine royale, ne leur attribue pas le titre de prince,

---

(1) Il a suffi de vérifier l'acte de naissance de M. le comte Henri de Crouy-Chanel, père des deux officiers autorisés par l'empereur d'Autriche à porter la croix de Malte, pour établir que le chef de cette branche est le frère puîné du prince Auguste de Crouy, qui a présenté requête. G. S.

Estime qu'il y a lieu de rejeter la demande.
Au ministère de la justice, 7 novembre 1860.

Signé : Lascoux.

Je crois devoir faire observer que M. le commissaire impérial a *oublié*, l'on ne comprend pas trop sous l'empire de quelle pensée, un vu qui ne manquait pas d'importance. — Je fais allusion au brevet de commandeur (*commendator*) de l'ordre de Saint-Grégoire-le-Grand, expédié sous l'appellation de François-Claude-Auguste de Hongrie, prince et marquis de Crouy-Chanel et à l'autorisation accordée au PRINCE de Crouy-Chanel d'en porter en France les insignes.

Autorisation accordée le 12 juin 1860, par l'empereur Napoléon III.

M. le commissaire impérial avait pourtant les pièces originales au dossier !

Un tel oubli est d'autant plus regrettable que nul n'avait mission de prendre fait et cause pour le requérant et de faire observer au conseil que la question venait d'être tranchée de fait par l'Empereur lui-même.

Quoi qu'il en soit, après quelques discussions entre M. le commissaire impérial et M. le conseiller rapporteur, le Conseil du sceau émit ainsi son avis dans la séance du 27 mai 1861.

Séance du 27 mai 1861.

« Vu la demande formée par M. de Crouy-Chanel à

» l'effet d'être autorisé à porter le titre de prince comme
» issu des fils d'André III, dernier roi de Hongrie de la
» dynastie des Arpad ;

» Vu le rapport du procureur général et du préfet de
» police ;

» Vu le dossier et notamment le jugement en rectifi-
» cation des actes de l'état civil de M. de Crouy, du tri-
» bunal de Grenoble, l'arrêt de la Cour de cassation,
» l'arrêt de la Cour des comptes de Grenoble ;

» Vu les décrets de l'empereur d'Autriche, la généa-
» logie et les autres pièces produites PROUVANT LA FI-
» LIATION DE DEGRÉ EN DEGRÉ DEPUIS ANDRÉ III ;

» Vu les décrets du 8 janvier 1859 et du 5 mars 1859 ;

» Ouï le commissaire impérial en ses conclusions,
» M. Langlais en son rapport ;

» Considérant que M. de Crouy-Chanel demande
» que le titre de prince soit reconnu en sa personne à
» raison de sa qualité d'héritier en ligne directe et légi-
» time d'André III, dernier roi de Hongrie de la dy-
» nastie des Arpad ;

» Considérant,

» Qu'il résulte des documents produits que ni les
» fils d'André III réfugiés en France, ni leurs descen-
» dants n'y ont été reconnus comme princes, que le titre
» revendiqué par M. de Crouy-Chanel serait un titre
» étranger qu'il n'aurait le droit de porter qu'après une
» autorisation de l'Empereur aux termes de l'article 1er
» du décret du 5 mars 1859 ;

» Sans qu'il soit besoin d'examiner la généalogie du
» demandeur, ni la sincérité des documents produits.

» Le conseil est d'avis qu'il y a lieu, en l'état, de reje-
» ter la demande. »

Ainsi donc c'est :

Après de nombreuses séances consacrées à de chaudes discussions ;

Après la vérification la plus minutieuse des pièces produites ;

Après le rapport si loyal et si judicieux de M. le conseiller Langlais,

Et enfin :

EN CONSTATANT TOUS CES FAITS, que le Conseil déclare.... « QU'IL N'EST PAS BESOIN D'EXAMINER » et qu'il oppose une fin de non recevoir ;

Franchement nous aurions voulu que LE CONSEIL IMPÉRIAL DU SCEAU DES TITRES se montrât un peu plus à la hauteur de sa mission et ne jouât pas ainsi avec des FINS DE NON RECEVOIR ;

C'est dès le premier jour qu'il fallait soulever CES MIÈVRERIES DE DÉTAIL.

Soyons francs.

On ne pensait pas, en termes héraldiques, que le chef d'armes de la famille ARPAD (soit de CROUY-CHANEL) FIT SES PREUVES, on allait de l'avant.... et lorsqu'on a vu que *les preuves étaient bien et dûment faites,* on a dit :

SANS QU'IL SOIT BESOIN D'EXAMINER.

Eh bien ! je le répète, le Conseil impérial du sceau des titres ne s'est pas montré à la hauteur de sa haute mission, de sa mission sociale.

C'est ainsi qu'on amoindrit toutes les institutions — même les meilleures.

Avant de nous prononcer sur les *vus* et *les considérants* du Conseil du sceau des titres, nous avons hâte de réfuter l'objection faite à la publication du docteur Erdy, dont les adversaires de la famille de Crouy-Chanel se sont emparés et qui paraît mériter une sérieuse attention.

Prenant donc pour base toutes les études auxquelles cette question historique a donné lieu jusqu'à ce jour et principalement le travail si consciencieux et si lucide de M. le conseiller Langlais, je vais résumer toute la situation aussi brièvement qu'il me sera possible. — Le lecteur voudra bien excuser les rédites inévitables.

La prétention de M. de Crouy-Chanel est celle-ci :

ANDRÉ II, roi de Hongrie, a eu pour fils ÉTIENNE dit *le Posthume*.

Le prince ÉTIENNE, marié avec THOMASINE MOROSINI, a eu d'elle un fils, ANDRÉ dit *le Vénitien*, qui a été le dernier roi de la dynastie des Arpad.

ANDRÉ *le Vénitien*, marié avec *Sybille* CUMANA, a eu d'elle deux fils : FÉLIX et MARC.

FÉLIX, marié avec GUIGONNE DE LA CHAMBRE, a eu d'elle trois fils, JEAN, ANTOINE et ANDRÉ.

Comment M. de Crouy-Chanel prouve-t-il cette généalogie ?

Quelles objections y sont-elles adressées ?

Là est la question.

Il faut considérer le temps auquel correspondent les titres que nous allons examiner.

Nous sommes au commencement du treizième siècle, c'est-à-dire à une époque de barbarie universelle. La société ne ressemble en rien ni à celle qui l'a précédée, ni à celle qui va la suivre. La langue latine, qu'on emploie dans les actes publics, mélangée d'une foule de locutions barbares, est à peine intelligible pour nous, qui avons appris, ce que nous en savons, dans les beaux livres de l'antiquité.

La filiation n'est établie que par la notoriété traditionnelle et par les actes soit de famille, soit entre particuliers.

Les nobles seuls ont pris, au retour des croisades, l'habitude de faire écrire par des clercs l'indication de leur naissance, de leur mariage et de la mort de leurs parents.

Ces notes sont tenues le plus souvent sur un *missel* ou sur un livre d'heures, et deviennent le tableau généalogique de la famille; ce n'est que beaucoup plus tard, au seizième siècle, que seront inventés les registres baptistères qui ont précédé nos registres de l'état civil.

LES FILLES SE MARIENT A DOUZE ANS, — *comme sous l'empire du droit romain,* — ou plutôt on se marie à peu près quand on veut; car, en l'absence d'acte de naissance, il n'y a aucun moyen légal de constater l'âge.

Le calendrier lui-même ne sera inventé qu'en 1581, et le commencement de l'année varie suivant les pays.

On doit comprendre pourquoi M. de Crouy-Chanel ne peut produire, à l'origine de sa famille, après qu'elle est tombée du trône, les actes qui constatent aujourd'hui notre état civil.

C'est dans un autre ordre de titres qu'il est contraint d'aller chercher les preuves de sa descendance régulière, de sa filiation, génération par génération.

Les titres sur lesquels MM. de Crouy s'appuient, se divisent en deux classes :

Les uns ont été produits en 1790, les autres ont été découverts postérieurement.

Examinons-les successivement.

1° Titres produits en 1790.

MM. de Crouy-Chanel ont produit, en 1790, devant la Chambre des comptes :

1° Un acte par lequel Félix Crouy de Chanel concède aux habitants de Brastole, un droit de pacage dans la forêt de la Weiga. On y lit que *Félix* est fils d'André; on parle du royal aïeul de ce dernier; on dit que le roi André II était le bisaïeul de Félix. (Voir aux *pièces justificatives*.)

Cet acte est ainsi daté : « *Anno dominicæ* incarnationis *millesimo ducentesimo septuagesimo nono, et diè prima mensis martis.* 1ᵉʳ mars 1279. »

Il est reçu par Antoine Aynard, dit de Gaule, notaire royal, qui déclare avoir écrit ledit acte de sa main, et y avoir mis le sceau du seigneur Crouy de Chanel.

Le procureur général, qui examina la généalogie en

1790, a ainsi constaté, dans ses conclusions écrites, l'état matériel de l'acte :

« Cet acte est produit en original sur parchemin, avec
» la signature d'Aynard, notaire, et son monogramme,
» et le sceau encore existant, pendant par un lac formé
» du parchemin même de l'acte; ledit sceau étant en
» cire, endommagé autour, mais l'écu restant entier,
» à l'exception d'un des guerriers formant le support
» des armes, qui est emporté à moitié. »

Nous tenons à faire remarquer que c'est le seul acte qui ait été produit devant la Chambre des comptes, avant l'arrêt du 26 mars 1790. La Chambre le trouva suffisant et en ordonna l'enregistrement intégral par son arrêt.

Si MM. de Crouy-Chanel avaient été des faussaires, on ne comprendrait guère pourquoi ils n'auraient pas produit en même temps les deux actes de 1282, dont nous allons parler, ou bien pourquoi, ayant réussi à obtenir un arrêt favorable avec un premier acte faux, ils se seraient risqués, sans aucune utilité, à y ajouter, au bout de quelques mois, deux nouveaux actes faux.

Voici pourtant ce qui arriva : quelque temps après le prononcé de l'arrêt du 26 mars 1790, MM. de Crouy-Chanel revinrent soumettre à l'examen de la Chambre des comptes seize titres nouveaux, parmi lesquels deux actes très-importants :

1° Le premier est un acte de partage de biens, fait entre Félix de Crouy-Chanel et Marc, son frère. Nous ne disons rien de son contenu, que nous avons déjà fait connaître. (Voir aux *pièces justificatives*.)

L'acte commence ainsi: *Anno* NATIVITATIS *millesimo ducentesimo octogesimo secundo, indictione decimâ, die nona mensis februarii, coram me notario publico...* »

On lit à la fin : « *Ego vero stephanus Pilati, auctoritate Imperiali nec non Delphinali, notarius publicus, præmissis omnibus præsens fui, et hanc chartam rogatus et requisitus scripsi, signoque meo proprio et consueto præsignari in rabur et testimonium præmissorum.* »

2° Le second acte est la quittance du 27 avril 1282; il est reçu par le même notaire. (Voir aux *pièces justificatives*.)

La Chambre des comptes, ainsi saisie de nouveau, suivit la même procédure; le procureur général discuta les titres dans des conclusions *écrites*; elles prouvent que ces deux titres ont été produits en originaux; voici en effet ce que contiennent les conclusions :

« Vu l'arrêt du 26 mars dernier :
» Vu ensuite les titres et actes énoncés et détaillés en
» la présente requête et joints à icelle, savoir le traité
» de partage intervenu entre le sieur Félix Crouy de
» Chanel... (suit l'analyse), acte passé à Allevard, dans
» la tour du Treuil, le 9 février 1282, reçu par Etienne
» Pilati, par lui grossoyé avec monogramme, grosse
» originale... »

« La quittance réciproque entre le seigneur Félix de
» Crouy-Chanel, etc. (suit l'analyse), acte passé à Alle-
» vard dans la tour du Treuil le 27 avril 1282, reçu par
» ledit Pilati, grosse originale en parchemin. »

La Chambre des comptes nomma un commissaire, et après le rapport de ce dernier, voici l'arrêt qui intervint, à la date du 12 juin 1790 :

« Sur l'arrêt du 26 mars, etc.;

» Vu les conclusions du procureur général, et ouï le
» rapport du conseiller commissaire;

« La Chambre a donné acte auxdits Crouy de Chanel,
» suppliants, de la présentation par eux faite en minutes
» et grosses originales des seize titres et actes énoncés
» et analysés en la présente requête et joints à icelle et
» visées en détail dans les conclusions du procureur gé-
» néral; ensemble de la vérification faite par la Chambre
» desdits titres et actes : ce faisant, ordonne que lesdits
» seize titres et actes seront joints et additionnés à l'en-
» registrement aux autres titres des suppliants, fait en
» exécution de l'arrêt de la Chambre du 26 mars der-
» nier, pour le chacun desdits seize titres et actes être
» replacés au degré compétent et ne faire tous ensemble
» qu'un seul et même corps de preuves de l'origine des
» suppliants et de leur descendance en ligne directe et
» masculine de Félix Crouy de Chanel, fils d'André, dit
» *le Vénitien*, dont l'acte du 1er mars 1279, ci-devant
» enregistré, et au traité de partage du 9 février 1282,
» ci-joint, lequel André était fils du prince Étienne, fils
» d'André, roi de Hongrie, qualifié bisaïeul dudit Félix
» Crouy de Chanel...

» Seront, en conséquence, les susdits seize titres et
» actes enregistrés à la suite de ceux déjà enregistrés en
» exécution du susdit arrêt du 26 mars et conjointement
» avec la présente requête, les conclusions du procureur

» général et le présent arrêt, et ledit enregistrement fait,
» il sera délivré expédition en forme à chacun des sup-
» pliants et aux leurs, etc. »

Voilà les trois premiers titres sur lesquels M. de Crouy-Chanel fonde sa demande. Nous verrons tout à l'heure qu'ils sont corroborés par beaucoup d'autres, soit du même temps, soit d'un temps postérieur; nous les retrouverons.

Si nous sommes bien informé, on a adressé deux reproches à ces trois actes : le premier, c'est que M. de Crouy-Chanel ne les produit qu'à l'état de copies; le second, c'est qu'ils contiennent des énonciations impossibles, et que, par conséquent, ils sont l'œuvre DE LA FRAUDE OU DU FAUX.

Le premier reproche est fondé ; oui, les actes ne sont produits qu'à l'état de copies. Mais l'on ne doit pas oublier que tous les trois ont été présentés en originaux en 1790; que le fait est attesté et par les conclusions du procureur général et par les deux arrêts de la Chambre des comptes;

Que la Chambre en a ordonné l'enregistrement intégral;

Que cet enregistrement a eu lieu ;

Que le registre où ils ont été consignés existe encore, et que les copies présentées par M. de Crouy-Chanel sont DES COPIES AUTHTENIQUES de ce registre.

Nous avouons qu'il nous est impossible de comprendre pourquoi la copie authentique d'un acte, *enregistré par l'ordre et sous la surveillance du magistrat*, ne vaudrait pas en matière de reconnaissance de titre.

Les critiques de la publication Erdy ont puisé d'autres objections dans l'ordre chronologique.

Voici comment ils ont raisonné.

Nous avons deux dates certaines, savoir :

LA NAISSANCE D'ETIENNE ET L'ACTE FAIT A BRASTOLE.

Il faut que dans cet intervalle de temps on trouve trois générations.

ETIENNE,

ANDRÉ *le Vénitien*,

FÉLIX, qui contracte à Brastole.

Or, disent-ils, Etienne est né en 1235; car c'est dans cette année 1235 qu'est mort André II son père, et ETIENNE *est appelé le Posthume*, parce qu'il est né après la mort de son père.

D'un autre côté, Félix, fils d'André le Vénitien, contracte le 1er mars 1279; *il est donc majeur.*

Eh bien! disent les adversaires de la prétention de la famille de Crouy-Chanel, IL EST IMPOSSIBLE QU'ETIENNE, NÉ EN 1235, AIT EU UN PETIT-FILS MAJEUR EN 1279.

Faire de la chronologie, depuis la fin du seizième siècle, ce n'est pas chose difficile; mais juger le passé, le reconstituer avec des dates certaines et précises, quand on est encore dans les premières années du treizième siècle, c'est une tâche plus laborieuse qu'on ne paraît l'avoir supposé.

Nous allons cependant répondre en demeurant sur le terrain des contradicteurs; ils placent ces deux générations dans un espace de temps si resserré que la différence d'un an ou de dix-huit mois peut rendre plausible ou faire crouler tout le système; car si Étienne est né, par exemple, au commencement de 1235, et que l'acte de Brastole soit de la fin de 1279, voilà deux ans en plus, pendant lesquels *l'enfant mineur est devenu majeur*.

Eh bien! nous serions tenté de demander ce qu'on entend par l'année 1235.

Nous serions bien peu compétent pour faire de l'érudition;

Mais, nous savons, comme tout le monde, que le calendrier actuel ne date que de la bulle du pape Grégoire XIII, en 1581.

Jusque-là, toutes les nations comptaient les années d'une manière différente.

On connaissait, par exemple, *l'année florentine;* elle commençait le 25 mars, et elle était de deux mois et vingt-cinq jours plus tardive que l'année actuelle.

L'année *pisanaise* commençait également le 25 mars; mais elle était en avance de neuf mois et sept jours comparativement à la chronologie actuelle.

On appelait ces années: *annus ab Incarnatione, ab Annunciatione, à Conceptione, annus gratiæ*.

En d'autres pays, l'année commençait le jour de Noël, et elle s'appelait *a Nativitate*.

En France l'année commençait à Pâques, et s'appelait *à resurectione*.

A Venise elle commençait au 1ᵉʳ mars.

Qui pourrait énumérer les commencements d'année qui étaient en usage dans chaque localité? Mabillon et Du Cange, aidés de tous les bénédictins, ont fait à cet égard des recherches et des calculs infinis, et ils ont appelé avec raison leur livre : *l'Art de vérifier les dates.*

C'est en effet un art, et un art très difficile.

Qu'on veuille bien se rapporter au premier acte,
Celui de Brastole :

Il est daté ainsi : *anno Dominico* INCARNATIONIS *millesimo ducentesimo septuagesimo nono, et die prima mensis martis.*

Passons maintenant à l'acte de partage de 1282; il est daté ainsi : *anno* NATIVITATIS *millesimo ducentesimo octogesimo secundo, indictione decima, die nonâ mensis februarii.*

Dans le premier cas, on compte par l'année de *l'Incarnation*, et dans le second par l'année *de la Nativité* et par des indictions romaines; c'est-à-dire que pour l'acte de Brastole, l'année commence le 25 mars, et que pour l'autre acte, elle commence à Noël, avec les différences qu'amènent les indictions romaines. En faisant l'application de ces principes, il faudrait dire que l'acte de Brastole a été passé le 1er mars d'une année qui correspond à notre année 1280, — donc *un an moins vingt-quatre jours plus tard que ne semble l'indiquer l'acte produit.*

La seule conséquence que nous voulions tirer de ces observations, c'est que des systèmes fondés sur des dates toujours conjecturales, ne peuvent valoir contre des actes formels, dans des temps comme ceux où se passent les événements dont il s'agit.

Nous rencontrons, dans le système des adversaires de la famille Crouy-Chanel une bien autre incertitude.

On parle de 1235 comme d'une date hors de contestation. Rien au contraire n'est plus douteux que l'époque de la mort d'André II, père d'Etienne le Posthume.

Plusieurs écrivains le font mourir en 1235 ; mais ils diffèrent singulièrement sur l'époque : ainsi André serait mort le 7 MARS, selon les bénédictins ;

Ce serait le 15 NOVEMBRE selon Pernold, écrivain hongrois,

Et selon la chronique de Nagy-Varad, ce serait le 11 DES CALANDES D'OCTOBRE.

Consultons maintenant d'autres historiens, nous trouverons que ce n'est pas en 1235, mais en 1223, et ils citent comme preuve une lettre, dans laquelle le Pape HONORIUS III appelle roi de Hongrie, en 1223, Bela IV, *fils aîné d'André II, et son successeur immédiat.*

Cette date de naissance D'ETIENNE *le Posthume* doit concorder avec celle de la mort de son père. Je le répète, André II était en la Terre-Sainte en 1217 ; Bonfinius et Blondus, historiens hongrois, disent qu'il n'en revint que trois ans plus tard ; mais Jacques de Vitry, qui était à la croisade, dit (*Hist. orient.*, l. III) qu'il reprit le chemin de Hongrie l'année suivante ; d'après ce dernier, il serait donc revenu de la croisade en 1218 et suivant les autres en 1220.

M. de Saint-Marc *atteste* qu'André II épousa Béatrix d'Este, mère du prince Etienne le Posthume *en reve-*

nant de la Terre-Sainte. — Selon Jacques de Vitry, ce mariage aurait donc eu lieu en 1218 et selon les historiens hongrois en 1220. Mais qu'importe puisqu'André II vivait en 1222, époque de la promulgation de la fameuse BULLE D'OR, DERNIER ACTE AUTHENTIQUE que l'on puisse citer de ce prince et opposer à la LETTRE AUTHENTIQUE d'Honorius III que je viens de rappeler. Or, Honorius III étant mort le 18 mars 1227, la mort d'André II et la naissance d'Etienne le Posthume doivent être antérieures à 1227, c'est-à-dire à l'élection de Grégoire IX, que *tous* les auteurs fixent au 19 mars 1227.

La lettre d'Honorius III à Béla, que nous trouvons signalée, mais dont, notre loyauté nous fait un devoir de le reconnaître, il ne nous a pas été possible de retrouver le texte, trancherait toute difficulté; en son absence, raisonnons comme si elle était signalée par erreur.

Faisons observer que la confusion est née, pour beaucoup d'historiens et pour les chronologistes, de ce fait QU'ANDRÉ II (André le Jérosolymitain) eut quatre fils :

BÉLA IV;

COLOMAN, celui qu'Honorius III qualifie de roi des Russes dans l'une de ses lettres écrite à André II la sixième année de son pontificat, soit vers la fin de 1221;

ANDRÉ, qui fut *fiancé* 1° avec *Marie*, fille du duc d'Halicie MICISLAS; 2° avec la fille de LIVON, roi d'Arménie.— Cet André ne fut point marié, était mort avant BÉLA IV et n'a point laissé d'enfants; et comme on trouve de toutes parts des confusions entre André II, cet André et André III, il est très-possible que c'est cet André, troisième fils d'André II qui est mort en 1235.

Outre les trois fils que je viens de signaler, André II en eut, il faut le répéter, un quatrième, ainsi que tous les historiens le reconnaissent, ETIENNE LE POSTHUME, père D'ANDRÉ III dit le Vénitien, dans lequel André III finit, au point de vue de la royauté, MAIS NE S'ÉTEINT PAS, la race des Arpad.

En outre, ANDRÉ *le Jérosolymitain* avait eu deux filles : 1° ELISABETH, qui épousa LOUIS DE THURINGE et mourut le 19 novembre 1231. — Elle fut fiancée par l'intervention du pape Innocent étant encore au berceau (1) et *réunie aussitôt à son futur époux, âgé de onze ans;* le mariage fut CONSOMMÉ en 1220. — Elisabeth, née en 1207, n'avait donc que treize ans.

2° YOLANDE, qui fut mariée à JACQUES Ier, roi d'Ara-

---

(1) Je dois faire observer comme preuve nouvelle de la confusion qui régnait en Hongrie dans ce que nous appelons les actes civils, qu'Élisabeth, fille d'André II et de Gertrude, fut canonisée en 1235;

Elle était née en 1207, c'est-à-dire vingt-huit ans avant;

Elle n'a vécu que vingt-quatre ans;

Il est question d'elle dans un nombre infini d'ouvrages;

L'enquête canonique fut faite trois ans après sa mort (Voir *la Vie de sainte Élisabeth*, par M. le comte de Montalembert);

Eh bien ! l'on ignore le lieu véritable de sa naissance, et selon le comte Jean Mailath, l'un des écrivains les plus savants de la Hongrie, elle ne serait point née à Presbourg, ainsi que le disent les légendes, mais à Séros-patak, dans le comitat de Zimplin ; — enfin les confusions parmi les écrivains sont telles à propos du nom d'ANDRÉ, que M. le comte de Montalembert lui-même, lui, l'investigateur par excellence, a commis une erreur matérielle en supposant *André III père d'Étienne le Posthume,* tandis qu'il en était fils, *et père de sainte Élisabeth,* tandis qu'il en était neveu, et quoique le *tableau généalogique de la famille de sainte Élisabeth,* dressé et publié par M. de Montalembert porte : « ETIENNE, épouse une Morosini ; » chef de la *famille de Croï,* je n'en dois pas moins le signaler comme erroné en plusieurs points.

gon, et de laquelle est issue sainte Élisabeth de Portugal.

Nous demandons s'il serait vraiment raisonnable d'infirmer la valeur d'actes géminés, avec des données aussi incertaines et aussi confuses que celles qu'opposent les adversaires des titres fournis par la famille de Crouy-Chanel.

Mais je ne crains point d'aller plus loin, et je dis, revenant au thème des contradicteurs, *même en partant de* 1235, on n'aurait encore rien prouvé. Il faut se rappeler, qu'il s'agit de princes appartenant à une maison régnante, et qui se marient dans un temps et dans un pays où *le droit romain avait fixé la puberté à douze ans et à quatorze ans selon les sexes*. — Or, de mars 1235 à mars 1280, il y a un intervalle de quarante-cinq ans.

Pourquoi serait-il donc impossible que le prince Etienne, né en 1235, fût grand-père quarante-cinq ans plus tard, et que son petit-fils eût douze ans, treize ans, et même quatorze ans en 1280 ? Cela prouverait qu'il s'est marié jeune, ainsi que son fils. *Mais moins jeune cependant tous les deux que ne le permettait la loi de leur pays*, en supposant même que l'ancienne loi romaine fût encore observée, et surtout pour des princes du sang royal.

Si la mauvaise foi la plus révoltante n'inspirait les éplucheurs de cette filiation, ils feraient un retour sur l'histoire de France, même dans les temps les plus modernes.

N'a-t-on pas vu le comte d'Artois (Charles X) père du duc d'Augoulême étant à peine âgé de dix-sept ans?

Louis XV, né le 15 février 1710, n'est-il point parvenu au trône à l'âge de cinq ans,

N'a-t-il point été *sacré et couronné* à DOUZE ans, le 25 octobre 1722?

N'a-t-il point été marié à QUINZE ans?

N'est-il pas le successeur immédiat de son bis-aïeul Louis XIV, qui lui-même avait été déclaré *majeur* à TREIZE ans et qui n'avait que soixante-onze ans de plus que son *arrière petit-fils*.

N'est-on pas frappé de l'analogie qui existe dans tous ces faits et aussi entre Charles X et André III; ils sont détrônés l'un et l'autre avant de mourir, et leurs héritiers majeurs ou mineurs n'ont point à intervenir dans la discussion d'une succession royale qui *en fait* n'existe pas.

Certes il serait facile de se livrer à des recherches historiques pour trouver de nombreuses analogies dans l'histoire et pour accumuler des exemples de princes mariés en bas âge;

Nous reculons devant ce travail fastidieux.

Mais citons BÉATRIX de Hongrie, la même qui a arrangé le mariage de Pierre de Crouy : nous lisons dans de Valbonnais, t. III, p. 77, qu'elle fut mariée à l'âge de sept ans.—LOUIS II, roi de Naples, a été marié à l'âge de sept ans, (voy. t. I, *Les grands officiers de la Couronne*, p. 229.—LOUIS DE FRANCE, roi de Naples, fut marié à dix ans et sept mois (voy. id. p. 119); LOUIS XII, roi de France, a été marié à l'âge de onze ans et quatre mois (voy.

id. p. 126); Isabelle de Valois fut promise par contrat de mariage du 3 octobre 1295, n'ayant encore que deux ans, puis elle épousa par dispense du pape en 1297, n'étant âgée que de quatre ans, Jean, depuis *duc de Bretagne*, qui lui-même n'avait que dix ans, etc., etc.

L'objection tirée de la coopération de Félix à l'acte de Brastole n'est pas une objection sérieuse. Il s'agit dans cet acte, non pas d'un intérêt bien grave, mais d'une location, d'un droit de pacage renouvelé à quelques habitants d'un village.

Quel était l'âge légal où Félix pouvait faire ce contrat ? Avait-il cet âge ou bien ne l'avait-il pas ?

Nous n'en savons rien ; nous sommes même enclin à croire qu'il était encore mineur ; car on voit figurer dans l'acte, son oncle Roger de Morosini, commandant pour les Vénitiens des villes de Spolatro et d'Olmisum, éloignées de quelques lieues de Brastole, comme présent et *comme son conseil* ou quasi-tuteur (1).

Nous croyons donc que les actes de 1279 et de 1282 sont à l'abri de toute contestation ; qu'on veuille bien se rappeler que ceux de 1282 n'ont été produits que *postérieurement* au premier arrêt de 1790, ce qui nous sem-

---

(1) Il est bon d'observer qu'André III avait habité dans sa jeunesse le pays de Brastole, et que c'est de ce fait qu'étaient nées ses relations avec les Morosini, dont l'un des membres les plus importants commandait dans la contrée.

Plus tard, Félix fut d'abord élevé dans ce même château de Brastole, mais les pirates infestant cette contrée, il se retira à Allevard en Dauphiné, où il épousa, ainsi que nous l'avons dit plusieurs fois dans le cours de cette étude, Guigonne de la Chambre.

blérait inexplicable, *dans la supposition d'une fraude.*
Ajoutons que *l'acte de 1279 est annoncé dans le testament d'Hector Crouy de Chanel*, portant la date de 1488.

Il faut donc supposer aussi que ce testament est faux !

2° TITRES NOUVEAUX.

La Chambre des comptes du Dauphiné avait par deux arrêts, du 26 mars et du 12 juin 1790, statué sur la généalogie de la famille de Crouy-Chanel. Postérieurement à ces deux arrêts, furent découverts de nouveaux titres que M. de Crouy-Chanel a produits aujourd'hui devant le Conseil. Ces titres consistent en six pièces, dont quatre sont extraites de trois registres conservés en originaux *dans les archives d'Amiens* et *deux d'un cartulaire.*

Première pièce, 1290.

La première pièce est un jugement d'assises rendu à Amiens, entre noble dame Guigonne de la Chambre, dame en partie de la tour d'Allevard, comme veuve de noble seigneur Félix de Hongrie, chevalier, fils aîné de noble prince André, duc de Hongrie, et aussi comme ayant, ladite dame, la tutelle des trois enfants mineurs dudit Félix, *Antoine, André* et *Jean de* Hongrie, d'une part,

Et le sieur Marc de Hongrie, sire en partie de Crouy et d'Araines, et frère puîné dudit seigneur Félix, d'autre part.

Cet acte se trouve dans le sixième volume des cartulaires, pages 103 et 104. (*Voir aux pièces justificatives.*)

Deuxième pièce, 1292.

La seconde pièce est une fondation de Marguerite de Sicile, femme du comte Charles de Valois, faite en 1292, au chapitre de Notre-Dame d'Amiens, pour le repos de l'âme de feu noble chevalier FÉLIX DE HONGRIE, jadis seigneur en partie de Crouy-sur-Somme, cousin de Marguerite et FILS AÎNÉ de très-noble prince ANDRÉ DE HONGRIE.

Cet acte se trouve comme le premier dans le sixième volume des cartulaires, page 33. (*Voir aux pièces justificatives.*)

Troisième pièce.

La troisième pièce est l'obit de très-noble chevalier Félix de Hongrie, jadis co-seigneur de Crouy-sur-Somme, et fils aîné de très-noble prince André de Hongrie, et de dame Sybille Cumana de Venise. La fondation est faite par Marguerite de Sicile, femme de Charles, comte de Valois, cousine dudit Félix, tant par son père que par sa mère.

Cet acte se trouve dans trois registres : 1° dans le sixième volume des cartulaires, page 131 ; 2° dans le registre nécrologe, coté au dos 33, page 167, n° XVIII, du mois de juin ; 3° dans un registre grand in-folio, en parchemin, étiqueté au dos *Necrologium*, page 58, n° XIX du mois de juin. (*Voir aux pièces justificatives.*)

Ces trois volumes sont aux archives de la cathédrale d'Amiens.

Quatrième pièce.

La quatrième pièce est l'obit de très-noble chevalier Antoine de Hongrie, dit Chanel, autrefois Croy, fils d'illustre chevalier Félix de Hongrie, et de dame Guigonne de la Chambre.

Cet acte se trouve, comme le précédent, dans trois registres : 1° dans le sixième volume des cartulaires, page 129; 2° dans le registre n° 33, page 142; 3° dans le *Necrologium*, page 500. (*Voir aux pièces justificatives.*)

Cinquième pièce.

La cinquième pièce est l'obit de très-noble chevalier Jean de Hongrie, dit Chanel, autrefois Croy, fils de Guillaume de Croy-Chanel, etc.

Cet acte se trouve dans trois registres : 1° dans le sixième volume des cartulaires, p. 117; 2° dans le registre n° 33, pages 12 et 13; 3° dans le *Necrologium*, page 5. (*Voir aux pièces justificatives.*)

Sixième pièce.

La sixième pièce est l'obit de Marc de Hongrie, second fils d'André, prince de Hongrie, et de dame Sybille Cumana, fondé par Elysabeth de Renti.

Cet acte se trouve dans les trois mêmes registres : 1° dans le sixième volume des cartulaires, page 133;

2° dans le registre n° 33, p. 191 ; 3° dans le *Necrologium*, page 3 de la 2° partie. (*Voir aux pièces justificatives.*)

Les six actes que nous venons d'indiquer confirment de la manière la plus expresse les énonciations contenues dans l'acte de Brastole de 1279, et dans les deux actes authentiques de 1282.

La thèse des adversaires de la famille de Crouy-Chanel devient difficile en présence de tous ces actes.

Non-seulement il faut admettre que la famille de Crouy-Chanel a fabriqué les trois actes de 1279 et 1282; mais il faut aller jusqu'à soutenir qu'elle a aussi FALSIFIÉ, *non pas un registre, mais trois registres d'Amiens*, en y insérant FRAUDULEUSEMENT six pièces.

Il faut aller plus loin encore, il faut soutenir qu'elle l'a fait sans motif, une première fois en inventant les actes de 1282, dont elle n'avait pas besoin, puisqu'elle jouissait du bénéfice de l'arrêt du 26 mars 1790 ; une seconde fois bien plus inutilement encore, en inventant les six actes contenus dans les registres d'Amiens, puisque ces actes n'ont figuré dans aucune des deux instances de 1790.

Arrêtons-nous devant l'absurde.

La fraude eût été trop savamment organisée ;

Elle serait l'œuvre de trop de générations et de trop de complices ;

Elle aurait exigé trop de dépenses, pour être même vraisemblable.

Retirée dans les montagnes du Dauphiné, devenue de

plus en plus pauvre à chaque génération; jamais favorisée par les cours, la famille de Crouy-Chanel mérite bien plus le reproche de s'être laissée tomber dans l'oubli que d'avoir couru après les dignités et les titres.

Ne lui fait-on pas même une objection de cette sorte d'abdication?

Lorsqu'elle a reparu pour revendiquer son droit, c'est par la bouche d'un magistrat, l'un des siens, qu'elle l'a fait, et dans un temps où l'on était plus porté à cacher les titres qu'on avait qu'à frauder pour s'en procurer d'illégitimes (1).

Toutes les pièces ont été examinées, à deux reprises différentes, par une cour souveraine, en 1790;

Plus tard par la justice de Grenoble;

En Autriche, je le répète, le Conseil aulique n'a pas douté de l'origine de cette famille, et l'empereur a autorisé deux de ses membres à porter la croix de Malte, selon **LEUR PRÉROGATIVE HÉRÉDITAIRE**, dit le rescrit officiel.

En Hongrie même, les députés l'ont reconnue;

Les hommes les plus compétents, en matière de généalogies, l'ont attestée; que peut-il donc manquer pour la conviction des hommes impartiaux? Nous avouons que la nôtre est complète.

. . . .

---

(1) On trouve dans les archives de la préfecture de l'Isère un état des émigrés du district de Grenoble, dressé et publié en exécution de l'article 8 de la loi du 8 avril 1792. Ledit état signé Planta, président, et Duport, secrétaire, dans lequel figurent sous le numéro 30, Chanel de Croui, son fils et sa fille, et sous le numéro 61, Lambert d'Haute-Far et dame Lambert née Chanel.

M. le conseiller Langlois a indiqué un exemple puisé dans le passé de la famille impériale ; peut-être eût-il fallu être plus explicite et appeler davantage l'attention de M. le commissaire impérial et de MM. les membres de la commission sur ce fait.

L'identité est si frappante que sans doute elle eût produit quelque impression sur leur esprit.

Voici comment les choses se passèrent ; je tiens le récit de la bouche de M. le COMTE DE SURVILLIERS (Joseph Bonaparte) lui-même ; on sait que Napoléon le surnommait *le généalogiste de la famille.*

« En 1777, *Charles-Marie* BONAPARTE fit partie de la
» députation corse que l'assemblée générale des États
» envoya à Versailles auprès du roi Louis XVI, et solli-
» cita pour son fils Napoléon une place ou bourse à
» l'Ecole royale militaire de Brienne, où celui-ci n'en-
» tra que le 23 avril 1779, si je ne fais pas erreur.

» On avait mis *plus d'un an* à fournir et vérifier les
» *preuves de noblesse* exigées par les règlements pour
» l'admission des élèves à l'Ecole. » Car, si, en 1807, Napoléon prétendait que *ses titres, il ne les tenait que du peuple français*, il n'en était pas de même en 1777 ; *Charles-Marie* BONAPARTE avait dû se soumettre aux investigations de d'Hozier, juge d'armes de France.

Comment *Charles-Marie* BONAPARTE fit-il ses preuves ?

Certes, ce ne fut pas en établissant qu'il était, soit de NOBLESSE FRANÇAISE, soit de NOBLESSE CORSE, soit de NOBLESSE FLORENTINE.

Il établit et prouva, par le *qui genuit* de sa famille, qu'il descendait des BONAPARTE LOMBARDS, qui avaient eu *droit régal* dans le onzième siècle ;

Il établit qu'il descendait de NICOLAS BONAPARTE, gibelin fameux en 1268, proscrit à cette époque, OB NIMIAM POTESTATEM ;

Il établit qu'il provignait de *Jean* BONAPARTE, qui vivait en 1050 à Trévise, jouissant des DROITS ET PRÉROGATIVES NOBILIAIRES ;

Il établit et prouva que le BONAPARTE DE CORSE descendait régulièrement, de père en fils, du BONAPARTE, (disons mieux, BUONAPARTE), de *San-Miniato* ; qu'il portait en 1567 et 1568 le titre ou qualification de MESSIRE, qu'on n'accordait alors qu'aux nobles les plus distingués, pendant qu'un de ses fils, Jérôme, était qualifié (de 1562 à 1594) de MAGNIFIQUE, ainsi que son petit-fils François, et cela parut très-suffisant à la commission du sceau de 1778 (1).

Il ne se trouva pas un commissaire royal pour demander et exiger que *Charles-Marie* BONAPARTE commençât par obtenir décret ou ordonnance, pour être autorisé à se dire de noblesse, — *parce que son origine n'était pas française*.

LE FAIT ENTRAINA LE DROIT.

Nous aurions cru inadmissible la pensée qu'en 1861, sous le règne du petit-fils de *Charles-Marie* BONAPARTE et du successeur de l'ÉLÈVE DE BRIENNE, on se montrât

---

(1) Voir, pour de plus amples détails, la *Revue rétrospective* du mois de septembre 1834, n° 12.

plus méticuleux qu'à la cour aristocratique de Louis XVI. M. le commissaire impérial et la majorité du Conseil du sceau des titres nous ont prouvé que nous étions dans l'erreur ! ! !

Heureusement pour la FAMILLE BONAPARTE, on ne fit pas tant de zèle en 1778.

Est-ce que jamais les lois, décrets ou ordonnances ont fait distinction entre les POSSESSIONS D'ÉTAT d'origine française ou d'origine étrangère ? Pourvu que le *postulant* soit français de fait et de droit, SON ÉTAT PRIMORDIAL le suit partout, tant que la famille existe, avec toutes les régularités de l'hérédité.

Est-ce que les *princes d'Orléans* ne seront pas toujours des *princes d'Orléans*, ou mieux des *princes Bourbon*, tant que la filiation sera régulière dans leur famille et qu'on conservera les qualifications aristocratiques ?

Est-ce que si M. DE CHAMBORD, auquel peut-être M. le commissaire impérial et la majorité du Conseil veulent bien ne pas contester, eux monarchistes, le titre de PRINCE, mais qui s'est qualifié LUI-MÊME COMTE sous l'appellation DE CHAMBORD, eût eu ou avait un fils, ce fils ne serait pas PRINCE *par possession d'État*, quoi que son père ne se qualifie que COMTE ?

Est-ce que ce fils et ses descendants directs ne seraient pas, à perpétuité, en droit de se qualifier DE FRANCE ?

Est-ce que BOURBON est un nom ?

Est-ce que ORLÉANS est un nom ?

Est-ce que Nemours, Montpensier, etc., etc., sont des noms patronymiques?

D'après la doctrine de M. le commissaire impérial, adoptée par la majorité du Conseil, il faudrait rentrer, comme le firent la *Commune* de Paris et la *Convention*, dans le nom PRIMORDIALEMENT connu et dire MM. CAPET, comme l'on disait en 1793, les CITOYENS CAPET, et puisqu'on a nommé la race royale hongroise RACE D'ARPAD, il faudrait, pour être logique, contraindre tous les Crouy à se nommer MM. ARPAD.

On peut discuter sur un titre nobiliaire REÇU d'un prince étranger ; mais, *dans un gouvernement monarchique,* discuter le droit au titre PROVENANT D'ORIGINE ROYALE, discuter ce que, héraldiquement, on nomme LA POSSESSION D'ÉTAT ! c'est le bouleversement de toute idée, de tout principe aristocratique ; *c'est de l'anarchie dans le droit.*

LE FAIT EST OU N'EST PAS !

Ou depuis Félix de Hongrie, depuis 1279, tous les membres de la famille sont DES FAUSSAIRES de père en fils ;

Ou les *obit* SONT FAUX,

Les donations FAUSSES,

Les contrats de partage et de mariage MENTEURS,

En un mot ou tous les actes produits depuis cinq siècles doivent être ARGUÉS DE FAUX, ou l'état des fils directs d'André III est absolu et le *chef d'armes de la famille* EST PRINCE *dans tout pays aristocratique et monarchique.*

Je ne saurais trop le répéter :

LE FAIT EST OU N'EST PAS.

Lorsqu'on veut vivre en dehors du principe égalitaire ;

Lorsqu'on ne veut pas admettre que chacun ne vaut et ne doit valoir que par lui-même, il faut accepter les conséquences du principe que l'on pose.

Je le dis de nouveau : la Commune de Paris et la Convention furent plus logiques ; et cependant, je me hâte de reconnaître que *l'honnêteté* publique était froissée dans tout le monde civilisé lorsqu'on entendait dire, en parlant du prisonnier du temple : CAPET !

En parlant de l'enfant martyr : LE FILS CAPET !

Et je crois qu'il n'est pas de républicain ayant au cœur la religion du passé, de l'histoire, qui n'éprouve un douloureux sentiment en mettant sous ses yeux une liasse de procédure sur le premier feuillet de laquelle l'implacable logique révolutionnaire avait écrit : PROCÈS DE LA VEUVE CAPET.

Vous avez craint d'être explicites, dirais-je à M. le commissaire impérial et à la majorité du Conseil ; vous avez opposé des *fins de non-recevoir* parce qu'il vous a paru que cette tentative de la MAISON D'ARPAD cachait, pouvait cacher, sous le prétexte de faire reconnaître le droit à un titre princier, l'arrière volonté de pousser plus loin ses prétentions, ses espérances.

Il fallait avoir le courage de votre pensée secrète !

Il fallait ne pas admettre la demande !

Il fallait, avant toute recherche, repousser sans examen, *à priori*,—renvoyer à qui de droit—à l'histoire... à M. le procureur impérial, à la justice du pays !

Mais non !

Vous n'aviez pas pris la requête au sérieux.

Vous aviez supposé L'IMPUISSANCE DES PREUVES, et lorsqu'elles ont forcé votre conviction — vous vous êtes réfugiés derrière des moyens dilatoires, évasifs.

Vous avez élevé une tardive fin de non-recevoir.

L'opinion publique sanctionnera-t-elle VOTRE AVIS ?

Je ne saurais le croire, ai-je dit dans la première édition de cette *étude*; aujourd'hui la presse de l'Europe entière a parlé, le doute n'est plus permis, je peux répondre hardiment : NON. Et qu'on veuille bien le remarquer, sur plus de six cents journaux en Europe qui ont parlé de cette publication ou de la famille Crouy-Chanel, pas un seul n'a contesté, que je sache, le fait de filiation.

PIÈCES JUSTIFICATIVES

Toutes ces pièces officielles ou régulièrement certifiées, sont en lieu sûr, mais à ma disposition, pour répondre à ceux qui auraient intérêt à les contester.

DÉNI DE JUSTICE
1839 - 1840

DÉTOURNEMENT DE PIÈCES COMPOSANT UN DOSSIER JUDICIAIRE (1).

Quoique j'aie pris la résolution de m'abstenir de toute excursion dans le domaine, soit de la biographie, soit de la politique, en dehors du fait de filiation, je n'en dois pas moins faire connaître au lecteur les sources où il pourra puiser les renseignements pour se rendre compte de l'incroyable *déni de justice* que je n'ai cessé de signaler depuis 1840. Je renvoie donc au t. 12 de la *Biographie des hommes du jour*, article DE CROUY, page 398 et suivantes (la question et le fait y sont traités *in extenso*), aux journaux de l'époque 1839-1840, à mon *Complément de l'Histoire de France d'Anquetil*, de 1792 à 1849, pages 399 et suivantes, au *Pilote de la Somme*, numéro du 1er novembre 1859, au *Moniteur*, et à tous les journaux du 7 janvier 1849, et enfin je mets sous ses yeux un numéro du *National de l'Ouest* du 11 janvier 1849, auquel j'emprunte la citation suivante, parce qu'elle résume la question avec une indiscutable vérité, malgré les efforts tentés dans la séance de l'Assemblée constituante du 6 janvier pour la rendre obscure.

M. GERMAIN SARRUT, lisons-nous dans le *National de l'Ouest*, a adressé à plusieurs journaux de Paris les deux lettres suivantes :

Paris, 7 janvier 1849.

Mon cher concitoyen,

La lettre ci-jointe vous dira comment, dans notre France monarchique, on a respecté les secrets des greffes ; je dis monarchique, car quel intérêt aurait-on eu sous la république à porter la main sur ces dossiers ?

Ce qui ressort de la lettre de M. Pinard, c'est que *j'ai dit la vérité, rien que la vérité* ; le temps viendra où l'on pourra la dire *toute* ; mais il me semble que le bon sens public la devine. J'ai obéi à ce que j'ai cru être dans mon droit et dans mon devoir. La presse aidant, le jour se fera. Travaillez-y.

---

(1) Voir pages 14, 23, 24.

Agréez, mon cher concitoyen, l'expression de mes affectueux sentiments.

GERMAIN SARRUT,
Représentant du peuple.

A M. Auguste Crouy-Chanel.

1er décembre 1848.

Monsieur,

Par votre lettre en date du 16 novembre, vous réclamez les papiers saisis à votre domicile le 26 septembre 1839. En réponse à cette lettre, je dois vous déclarer que, toutes recherches faites au parquet et au greffe, IL NE S'EST TROUVÉ NULLE PART AUCUNE TRACE DE LA PROCÉDURE ET DES PIÈCES DONT VOUS VOULEZ BIEN M'ENTRETENIR, et que je suis par conséquent dans l'impossibilité de faire droit à votre réclamation.

J'ai l'honneur de vous saluer très-humblement.

Le procureur de la république,
PINARD.

« Cette lettre de M. Pinard, procureur de la république, à M. Crouy-Chanel, que publient aujourd'hui un grand nombre de journaux, ajoute *le National de l'Ouest*, était le sujet de nombreuses conversations dans la salle des Pas-Perdus de l'Assemblée nationale.

» Chacun se demande comment un dossier aussi volumineux a pu disparaître *sans qu'il en reste une trace quelconque, pas même un simple reçu*, de telle manière qu'il soit possible de savoir ce qu'il est devenu et de le trouver au besoin.

» Ce fait paraît d'une très-haute gravité, et M. Germain Sarrut était parfaitement dans le vrai en disant, samedi, à M. le ministre de la justice, président du conseil, que c'était à lui, M. Barrot, qu'il incombait non-seulement de le retrouver, mais encore de sévir contre les auteurs de cet audacieux détournement. L'on revenait sur le mot de M. Sarrut : « Si M. Malleville se reconnaît dans ces insinuations, ce n'est pas au M. Malleville d'aujourdhui que j'aurais pu faire allusion, mais à celui d'une autre époque. »

» Qu'on ne l'oublie pas : en effet, en 1839 et 1840, M. Thiers était président du conseil, et M. Maleville sous-secrétaire d'État au ministère de l'intérieur. Que ces messieurs y songent : ce n'est pas avec des démentis de fanfaron qu'on fait dévier l'opinion publique. Ils peuvent obtenir un succès de parade de la part des amis du *lustre*, mais le bon sens ne tarde pas à revenir aux claqueurs eux-mêmes, et le succès premier tourne à la honte de l'orateur audacieux qui n'a pas craint d'imposer à l'opinion publique par une fantasmagorie de théâtre. Oui, nous le répétons, l'honneur de MM. Thiers et Maleville est engagé dans la question.

» Du reste, l'opinion publique s'est émue à une autre époque du détournement de ces dossiers et de l'intervention de M. l'ambassadeur de Russie dans toute cette affaire. Nous engageons M. Barrot à relire *la Presse*, *les Débats*, *le National*, *le Courrier Français* et *le Capitole* des 29 janvier, 12, 13, 18 février 1840, et il verra comment, à cette époque, le ministère s'expliqua, dans ses journaux semi-officiels. *Le National* disait : « Le persiflage du *Journal des*
» *Débats* est certainement fort agréable, mais il a le double incon-
» vénient de compromettre tout le monde et de ne disculper per-
» sonne. » Le même journal ajoutait : « Des gens bien informés
» assurent qu'à la découverte de certains renseignements, le pre-
» mier mouvement de la cour des Tuileries a été d'envoyer des
» passe-ports à l'ambassadeur russe ; mais comme la nuit porte
» conseil, et comme il eût fallu, pour se montrer conséquent, aller
» peut-être jusqu'à une rupture déclarée, on a jugé prudent de ne
» pas donner suite à cette impulsion de colère, et l'on s'est vengé,
» par des caquets de salon, de ces manœuvres hostiles qu'on n'osait
» démasquer au grand jour de la Cour d'assises ou de la tribune.
» Rassurée sur l'issue du procès, et voyant fléchir ses adversaires,
» la diplomatie russe a bientôt repris courage. De là, cette note
» *choquante* et cette espèce de défi adressé, par la voie de la *Presse*,
» au très inoffensif président du conseil. » De son côté, *la Quotidienne* s'exprimait de la sorte : « De tous ces débats, il restera deux
» faits saillants : c'est d'abord qu'à Saint-Pétersbourg on fait de
» l'opposition à la manière du *Charivari*, et puis qu'à Paris la
» guerre intestine est dans la dynastie : double aveu dont nous
» avons peine à concevoir l'habileté, en présence des ruptures et des
» relâchements d'alliance qui se manifestent autour de nous depuis
» quelque temps. »

» Enfin nous lisons dans la *Presse* du 18 février, un long article sur cette question, intitulé *Note communiquée*, article publié après la disparition du dossier d'une pièce qui ne fut retirée, nous précisons bien, que dans la nuit du 29 au 30 janvier 1840. Teste, alors ministre de la justice, pourrait donner là-dessus de bonnes et sûres indications à M. Barrot. En outre, l'on doit croire que M. Zangiacomi n'en a point entièrement perdu le souvenir, et qu'il lui serait très-facile de remettre l'autorité judiciaire sur la voie de ce dossier, qu'il faudra bien tôt ou tard retrouver, si on ne préfère avouer qu'il est complétement détruit. Qui sait même si nous n'appellerons pas à notre aide le souvenir de quatre anciens députés, devant lesquels un des ministres de 1840, après avoir fait connaître, le 25 février, à huit heures du matin, l'état de la procédure, disait : « Que » l'affaire était plus importante et plus grave qu'on ne le pensait; » que les personnages les plus éminents y étaient compromis, mais » qu'on avait eu soin de faire enlever de la procédure les pièces qui » étaient de nature à signaler ces mêmes personnages. » Nous le redirons sans cesse, il y a eu autour de MM. les ministres des yeux pour voir et des oreilles pour entendre ; que les parties intéressées à ce qu'un jour complet ne soit pas fait, s'empressent d'avouer franchement que, pour raison d'État, ces dossiers ont été remis à Louis-Philippe, et qu'ils sont détruits. Alors, l'opinion publique sera fixée sur le mérite de ces raisons d'État, et l'on comprendra comment M. Sarrut a eu raison de dire que l'affaire de Boulogne avait été la conséquence logique de la trahison précédente. Quoi qu'il en soit, cette affaire ne peut plus être assoupie, et il faut que les traîtres, dans le passé, sachent bien qu'ils sont complétement démasqués, que leur infamie est percée à jour, et qu'ils ne peuvent plus être des traîtres dans l'avenir. »

Le déni de justice, après avoir donné lieu à des discussions fort animées dans le sein de *l'Assemblée constituante* (séance du 6 janvier 1849), amena des explications à huis-clos entre M. de Crouy-Chanel et les autorités compétentes.

Ces explications ne servirent qu'à embrouiller de plus en plus la question et à établir aussi pour nous, de plus en plus, la certitude de la soustraction, du détournement de pièces nombreuses, certitude acquise dès 1840, mais qu'il est bon de faire partager au public pour établir la moralité du gouvernement de Louis-Philippe et des hommes responsables auxquels étaient confiées les destinées de la France.

M. le procureur général adressa à M. de Crouy la note suivante SANS SIGNATURE :

Le procureur général informe M. Crouy-Chanel que les archives de l'ex-Chambre des pairs ont été réunies aux archives nationales, qui dépendent du ministère de l'intérieur.

C'est donc à M. le ministre de l'intérieur que M. Crouy-Chanel devra adresser sa demande *à fin de restitution des pièces* saisies à son domicile le 26 septembre 1839.

Plus tard, le 12 mars 1849, M. de Crouy-Chanel, après de nombreuses entrevues avec M. le procureur de la république, reçut la lettre suivante, n° 68579 :

Monsieur,

En vertu des instructions qui m'ont été transmises par M. le procureur général, j'ai autorisé le greffier en chef à vous remettre celles des pièces saisies à votre domicile qui ont été retrouvées au greffe (1).

---

(1) Je dois faire remarquer que les pièces saisies étant *numérotées à l'instruction*, il a été facile de se rendre compte du nombre de celles qui ont été détournées ; ainsi on le voit, c'est l'autorité judiciaire elle-même qui constate, de plus en plus, le DÉNI DE JUSTICE commis en 1839-40.

Numérotées à l'instruction, viens-je de dire ; en effet, sous Louis-Philippe, MM. du parquet et MM. les commissaires aux délégations avaient adopté l'usage de ne point parapher les pièces saisies au moment où cette opération avait lieu, et je déclare ici de nouveau ce que j'ai déjà dit dans mon *Complément à l'Histoire de*

Quant à celles qui ne s'y trouvent pas, M. le procureur général m'explique que vous vous êtes pourvu à ce sujet devant M. le ministre de l'intérieur, d'après ce qu'on vous a annoncé que ces pièces avaient été transférées des archives de l'ex-

---

France, d'Anquetil : « Le journal la *Tribune* a subi CENT QUATORZE saisies ; nos papiers ont été VINGT-SEPT fois soumis aux investigations de la police, et jamais MM. les inquisiteurs n'ont pris la peine de parapher les pièces qu'ils ont cru devoir emporter. M. Desmortiers (procureur du roi) lui-même a non-seulement dirigé, mais *exécuté* l'une de ces perquisitions dans mes appartements particuliers, et ne s'est pas montré plus scrupuleux que les agents subalternes. C'est ainsi que des pièces de comptabilité nous ont été soustraites, et que toutes nos réclamations pour les ravoir ont été infructueuses. »

Ce fait, cette violation flagrante du droit des citoyens, a été constaté dans un procès célèbre ; je crois devoir répéter ce que j'en ai dit dans l'ouvrage que je viens de citer : « De tous ces débats, il doit rester pour l'histoire la déposition du commissaire de police Vassal, en ce qu'elle caractérise l'époque et dit avec quelle légèreté et quelle coupable inconvenance agissaient les délégués du gouvernement.

» M. LE PRÉSIDENT. — Pourquoi n'avez-vous pas paraphé les pièces saisies chez M. Berryer? Quand on saisit des pièces chez un voleur, on comprend qu'on ne les paraphe pas ; mais, dans un procès de cette importance, c'est un oubli qui ne peut s'expliquer.

» M. VASSAL. — Ce n'est pas l'usage.

» M. BERRYER. — Ainsi on s'introduit chez moi, homme public, ayant la confiance d'un grand nombre de familles, chez moi, député, ayant, à ce titre, une confiance encore plus étendue, et l'on dresse un procès-verbal irrégulier, qui ne porte aucune notion détaillée des pièces qu'on prétend saisir dans mon cabinet! Pourquoi le commissaire de police ne s'est-il pas borné, suivant la demande qui lui en fut faite, à poser les scellés sur la porte de mon cabinet et sur la fenêtre?

» M. VASSAL. — Il existait des ordres dont je n'avais pas à apprécier le mérite.

» M. BERRYER. — Je ne veux pas vous accuser, sans doute; mais n'est-il pas vrai que les pièces saisies ont été portées par vous, non à la justice, mais à M. Gisquet, et qu'elles sont restées entre ses mains pendant *vingt jours*, avant d'être déposées à l'autorité judiciaire ?

» M. VASSAL. — Il est vrai que ces pièces ont été remises au cabinet de M. le préfet de police.

» M. BERRYER. — Je ne vous fais aucun reproche personnellement; je ne veux constater ici que la position rigoureuse et extra-légale dans laquelle on place un citoyen dont on envahit le domicile, pour le traîner ensuite sur ces bancs avec un procès-verbal irrégulier.

Chambre des pairs aux archives nationales, avec les procédures relatives à l'affaire de Boulogne.

M. le procureur général m'informe, d'après ce que lui a fait connaître à ce sujet M. le ministre de la justice, que le garde

---

» M. LE PRÉSIDENT, faisant passer au témoin une des lettres saisies. — Quel motif aviez-vous trouvé dans cette pièce que voilà? Lisez tout haut.

» M. VASSAL, après avoir lu la lettre. — Sans doute, si j'avais vu la date de 1817, il est présumable que je n'aurais pas saisi la pièce (¹). J'y ai vu un sens mystérieux, et c'est, je pense, le motif qui me l'a fait saisir.

» M. LE PRÉSIDENT. — Mais *la rature de la signature et de la date* existait-elle le jour de la saisie?

» M. VASSAL. — Il y a apparence ; au reste, je ne m'en souviens pas.

» M. BERRYER. — Mais quand une pièce saisie porte une altération visible, une date changée, une encre nouvelle, il est difficile de croire qu'un commissaire de police ne le consigne pas sur son procès-verbal. Qu'est-ce qui peut donc constater l'identité d'une pièce saisie ? Au reste, il suffit d'un simple examen pour se convaincre du faux qui a été commis. Le papier et l'écriture de la lettre sont anciens, tandis que l'encre avec laquelle on a voulu couvrir la date et la signature est toute récente. Le crime est manifeste à tous les yeux. »

Revenons au déni de justice relatif à M. de Crouy.

Qu'on veuille bien aussi ne pas perdre de vue que M. de Crouy-Chanel SEUL, a publiquement réclamé, mais que tous ceux qui avaient subi des visites et des saisies domiciliaires étaient dans une situation identique. — *L'arrêt de non-lieu* a été pour nous tous comme non-avenu ; du reste pourquoi se plaindre de ce *déni de justice*, plus haut que de celui qui fut commis en 1832 à l'égard de M. *Auguste* MIE et du journal LA TRIBUNE et de l'apposition de scellés qui n'ont jamais été officiellement levés. Il a fallu la démolition de la maison sise rue Joquelet, pour qu'ils fussent *levés*, disons mieux, détruits *de facto*, sinon *de jure*.

On ne saurait trop rappeler le souvenir de pareils faits pour l'édification de l'histoire — et les hommes qui s'en sont rendus coupables osent se proclamer hommes d'ordre !! Proh pudor ! et leur agent ose dire lui-même dans ses confidences au public :

« Vers onze heures du soir, je reçus du ministre de l'intérieur l'ordre de faire » saisir les numéros DESTINÉS A PARAITRE le 6 (juin 1832) des journaux *la*

(¹) Je dois dire que, dans une visite domiciliaire *exécutée* chez moi, à Paris, par M. le procureur du roi en personne, ce magistrat me parut s'être donné ou avoir accepté la mission de lire mes correspondances de famille, même celles qui remontaient à 1820-21.— Que cherchait M. Desmortiers? Je l'ignore ; mes plus énergiques protestations contre cette inqualifiable investigation furent inutiles. G. S.

général des archives nationales a constaté qu'après *recherches* EXACTES dans le dossier et lecture attentive des inventaires, les pièces revendiquées par vous n'existaient pas au dépôt desdites archives.

M. le garde général a, en outre, donné avis à M. le garde des sceaux que, dans tous les cas, aux termes de l'article 14 de la loi du 12 septembre 1790, aucune pièce ne pourrait être emportée hors des Archives qu'en vertu d'un décret exprès de l'Assemblée nationale.

Je suis chargé par M. le procureur général de vous donner connaissance de cette réponse, ce qui a été fait d'abord verbalement à mon parquet, et ce que je fais aujourd'hui par écrit, suivant le désir que vous m'en avez témoigné.

Recevez, monsieur, l'assurance de ma parfaite considération.

Le procureur de la république.
VICTOR FOUCHER.

Je dirai que depuis lors toutes les démarches de M. de Crouy-Chanel pour rentrer en possession de papiers importants qui lui ont été soustraits sont demeurées infructueuses.

» *Tribune, le National, la Quotidienne* et le *Courrier de l'Europe,* D'APPOSER
» LES SCELLÉS SUR LES PRESSES ET D'ARRÊTER LES PERSONNES TROU-
» VÉES DANS LES BUREAUX DE CES FEUILLES. » (*Mémoires de M. Gisquet* tome 2, p. 225 et suivantes.)

Un journal belge *Le Progrès international* racontant naguère ce fait (numéro du 30 juin 1864) continuait en ces termes :

« Le même M. Gisquet ajoute, après avoir longuement énuméré les exploits de
» ses agents : *Au surplus la justice ne put requérir aucune condamnation contre*
» *les gérants, puisque la publicité seule eût créé le délit.* Mais ce que n'ajoute pas
» M. Gisquet, c'est que l'arrêt de non-lieu qui mit hors de cause M. Germain Sar-
» rut et M. Boussi, *ne statua pas sur la question des scellés ;* chose incroyable !
» elle est restée en suspens jusqu'à ce que les maçons aient tranché la difficulté en
» démolissant la maison. Ce fait est inouï dans les annales judiciaires. Un référé
» ayant été introduit, le tribunal, 1re chambre, se déclara incompétent. »

Le *déni de justice*, je ne veux pas me servir d'un autre mot, est consommé et bien consommé.

Pour en finir sur cette question, je crois devoir reproduire un article que publia le journal *la Liberté* (11 janvier 1849), organe important de l'opinion *bonapartiste*, que j'appellerai volontiers *consulaire*.

« La question brûlante posée par M. Germain Sarrut a blessé au cœur non-seulement les amis de MM. Thiers et Maleville, mais encore les royalistes de l'Assemblée et de la presse ; et il faut voir avec quel concert unanime les feuilles se disant honnêtes tonnent contre les deux honorables orateurs (1). — C'est leur plus bel éloge.

» A côté des journaux légitimistes se placent les organes de la coterie régence.

» Mais de quoi donc vient parler M. Sarrut? nous dit l'*Événement*.

» Oh! peu de chose, un rien, une intrigue sans importance, et dont nul n'avait jamais entendu parler ; vous êtes bien jeunes, messieurs, ou bien oublieux. — Ouvrez donc les *Débats*, le *National*, la *Quotidienne*, la *Presse*, le *Courrier français*, etc., etc., de 1839-40, et vous verrez que cette petite intrigue *occupa et préoccupa alors le monde politique*, comme elle nous occupe aujourd'hui, et comme elle préoccupe M. Thiers et son ami.

» Arrivons aux faits que M. Sarrut a eu la délicate convenance de ne pas porter à la tribune, et qu'il ne doit cependant pas ignorer, puisqu'il avait quelque intérêt à les connaître, et que l'on réponde sans ambiguïté, avec autant de netteté que nous en mettons dans la position de la question.

» Est-il vrai — OUI OU NON — que le 29 JANVIER 1840, un ministre de ce temps-là s'est rendu de sa personne, *après portes*

---

(1) M Dupont (de Bussac), qui avait pris une part très-vive à la discussion.

closes, le soir, au Palais-de-Justice, et a retiré du dossier à l'instruction une pièce qui n'y a pas été rétablie?...

» Nous attendrons la réponse de l'*Événement* pour être tout à fait explicites.

» Est-il vrai —OUI OU NON — que le 25 FÉVRIER 1840, à huit heures du matin, un ministre a reçu en audience particulière quatre députés, auxquels il a parlé de cette pièce, et a dit, en leur montrant un assez volumineux dossier : « IL FAUDRA BIEN ANÉANTIR TOUT CELA; IL Y A TANT DE PERSONNAGES COMPROMIS! »

En un mot, intrigue ou vaste conspiration, ce dossier appartient à l'histoire.

Existe-t-il?

Où est-il?

Il ne s'agit pas du président actuel de la république et de solidarités (1); il s'agit du respect sacré dû aux dépôts des greffes; il s'agit de la sainteté de l'histoire.

N'embrouillons pas la question en faisant confusion avec les dossiers de Strasbourg et de Boulogne; ces points vidés, nous verrons plus tard pourquoi la fusion avec Boulogne a eu lieu, qui elle intéressait, et à qui elle profitait.

Le même journal consacra (même numéro) un article à faire ressortir les contradictions flagrantes dans lesquelles étaient tombés trois ministres dans le cours de la discussion. — Je ne crois pas devoir remettre cet article en lumière, quoiqu'il indique l'importance de la question, parce qu'il me paraît aujourd'hui, comme il me parut alors, inconvenant dans la forme; mais je crois devoir indiquer les trois réponses faites par MM. Odilon Barrot, Léon de Maleville et Léon Faucher.

---

(1) Allusion à un mot de M. Odilon Barrot dans la discussion qui avait eu lieu à la séance du 6.

M. Odilon Barrot :

Quant à la partie administrative, les rapports qui pouvaient exister dans l'administration ont un caractère confidentiel tel, qu'ils n'appartiennent point aux parties : *nul n'a le droit* de les détourner et d'y porter un œil investigateur.

M. Léon de Maleville :

On m'a demandé (le président Louis-Napoléon Bonaparte) communication de ces pièces : je me suis opposé à leur déplacement.

M. Léon Faucher :

Quant à la communication dont il s'agit, nous la *devions* au président de la république, et quand nous ne la devrions pas, nous la ferions de même. (Interruption prolongée.)

(*Moniteur.*)

Je m'arrête (1).

---

(1) Je dois faire observer que le fait qui s'est produit pour le prince de Crouy-Chanel sous la branche cadette avait eu son précédent sous la branche aînée.

Le conventionnel Courtois, obligé de quitter la France comme régicide, mais malade et infirme, voulut obtenir l'autorisation de rester chez lui, à Rambluzin, département de la Meuse. Il écrivit donc à son ami, M. Becquey, conseiller d'État, pour le prier d'offrir, en compensation de l'exception qu'il réclamait, le testament, des cheveux et des papiers de Marie-Antoinette. M. Becquey vit M. Decazes et lui confia la lettre de son ami.

Le ministre se rappela alors que Courtois avait été chargé de l'examen des papiers de Robespierre; il pensa que Courtois avait bien pu enlever des cartons de ce républicain influent des pièces plus précieuses pour Louis XVIII que celles annoncées. Il se hâta donc de donner des ordres secrets et pressants à M. de Maussion, préfet de la Meuse, pour une saisie immédiate de tous les papiers du *régicide*. En effet, les autorités, escortées de vingt-cinq gendarmes, firent une descente à Rambluzin, et saisirent quelques objets précieux pour le moment. On ne s'était pas emparé de ce que désirait tant posséder M. Decazes ; il ordonna une seconde visite qui ne fut pas plus fructueuse. Mécontent de l'issue de cette affaire, il fit sortir Courtois de France. La honte d'une atteinte aussi monstrueuse à la liberté et à la propriété resta tout entière à M. Decazes.

Ces diverses citations disent assez la gravité de la situation dans laquelle s'était trouvé le prince de Crouy, et font *pressentir* les motifs de cette animosité acharnée qui n'a cessé de le poursuivre depuis lors.

Il pense que le moment n'est point venu pour lui de déchirer en entier le voile qui couvre encore une partie des menées de cette époque.

A lui seul doit incomber ce devoir, et sans doute le jour où paraîtra son grand travail L'IDÉE CHRÉTIENNE, le public y trouvera des notes révélatrices du plus haut intérêt pour l'histoire, car *idée chrétienne* n'exclut pas : *Franchise et Vérité*.

Je suis d'autant mieux fondé à affirmer que les pièces dont M. Decazes voulait s'emparer sont restées dans des mains sûres, que M. Courtois fils écrivit le 28 septembre 1834 à M. Saint-Edme, mon collaborateur, dans la rédaction de la *Biographie des hommes du jour*, en réponse à quelques questions que nous lui avions adressées : « Non, monsieur, M. Decazes n'a point été assez heureux pour déposer » aux pieds de son maître les papiers dont vous parlez ; ils ont échappé à toutes » recherches. Mais leur existence, qui lui avait été dénoncée, lui fut encore con- » firmée par les pièces dont il s'empara chez mon père ; de là les persécutions » exercées contre l'ex-conventionnel pour recouvrer à *tout prix* ces précieux do- » cuments. »

En 1833, M. Courtois fils intenta contre M. Decazes une action judiciaire en remise des papiers enlevés chez son père ; cette tentative fut vaine, les tribunaux e déclarèrent incompétents.

RELATIONS DU PRINCE DE CROUY

AVEC LA COUR PAPALE ET CELLE DES TUILERIES (1).

Le moment n'est pas venu de lever le voile qui doit rester encore sur ces relations, mais je tiens à établir qu'elles furent intimes et témoignaient de la plus auguste et de la plus haute confiance. On en jugera par la lettre suivante :

Evêché de Montpellier, le 6 septembre 1847.

PRINCE,

Votre si long silence m'inquiète ! Êtes-vous malade ? ou n'avez-vous pu jusqu'à présent remettre ma lettre du 16 (août) et le pli qui l'accompagnait ? (*Ce pli pour Madame Adélaïde venait de Rome. ..... Je n'ai point à dire quelle main auguste l'avait tracé. G. S.*) Dites-moi vite, je vous en conjure, quelque chose, car...........

Voilà les affaires bien gâtées ici, vis-à-vis de là-bas ! C'est à n'y rien comprendre ! J'attends, bon prince, un mot qui me tire d'inquiétude et vous prie d'agréer mes plus vrais et plus respectueux sentiments.

† CHARLES, *Ev. de Montpellier.*

Dans d'autres lettres confidentielles, mais qui ne devront pas être perdues pour l'histoire,

Elles viendront en leur temps,

Le prélat termine en ces termes :

Priez pour les voyageurs, cher prince, et croyez-moi, avec le plus tendre respect,

de Votre Altesse, le dévoué,
† CHARLES, *Ev. de Montpellier.*

---

(1) Voir pages 41, 42, 43, 76, 98, 100, 102.

C'est dans la même circonstance que M. le prince de Crouy remit au roi Louis-Philippe une note politique des plus prophétiques, dont je me suis fait un devoir de reproduire les principaux passages dans mon *Complément à l'Histoire de France d'Anquetil*. Cette note était due à la plume du R. P. Ventura.

Quelle fut pour la négociation dont était chargé M. de Crouy l'issue de ses entrevues avec le roi Louis-Philippe et Madame Adélaïde?

Nous serons un jour à même de le dire.

Mais je répète aujourd'hui ce que j'ai écrit depuis longtemps : la mort de cette princesse fut un immense malheur pour la politique de la maison d'Orléans.

M. de Crouy revint à Rome, et c'est alors que Sa Sainteté lui donna pour ses deux filles les lettres de naturalisation suivantes :

Dilecto filio Francisio, Claudio, Augusto, Hungariæ *principi, et marchioni de* Crouy-Chanel *parisiensis.*

PIUS. PP. IX.

Dilecte fili salutem et apostolicam benedictionem curasti nobis exponendum tibi esse in votis, ut duas filias tuas *Mariam Emerantianam Elisabetham et Mariam Carlotam Franciscam* romana civitate donemus cum omnibus et singulis juribus, quæ romanis civibus competunt, atque hac super re nostram apostolicam veniam enixe imploras. *Jam vero quum nobis compertum sit,* quam nobili ac vetusto genere ortum ducas et quam excellentibus animi dotibus ac virtutibus orneris, nec non quam sincerium fidei, ac devotionis studium ergo nos et apostolicam sedem profitearis, quarum quidem eximiarum laudum dictæ tuæ filiæ œmulæ existant, idcirco facile adducti sumus, ut hujusmodi precibus tuis libenter obsecundemus. Itaque ambas filias peculiari paternæ nostræ voluntatis testimonio prosequi volentes, et a quibusvis excommunicationis et interdicti, aliis que ecclesiasticii censuriris, sententiis et pœnis quovis modo et quœcumque de causa satis, si quos forte incurrerint, hujus tantum rei gratia absolventes et absolutes fore contentes, easdem romanis civibus auctoritate nostra apta tanquam hic in urbe natæ essent accenssemus, eis que omnia et singula jura concedimus atque impertimur, quæ romanorum civium propria sunt. Id concedimus, atque indulgemus contrariis non obstantibus quibus cumque datum Romæ apud S. Mariam-Majorem sub annulo piscatorie die XXVIII januarii MDCCCXLVIiI, pontificatus nostri anno secundo.

Signé : A. Card. LAMBRUSCHINI.

Cette pièce fut visée le 3 février suivant à l'ambassade française par le premier secrétaire, M. DE BROGLIE, et, le 7, par le consul-chancelier, M. CH. DELFY.

Peu de jours après, le souverain pontife créait M. Auguste de Hongrie, prince et marquis de Crouy-Chanel, commandeur de l'ordre de Grégoire-le-Grand et lui en faisait expédier le brevet dont suit la teneur :

BREVET

DE COMMANDEUR DE L'ORDRE DE SAINT-GRÉGOIRE-LE-GRAND.

Dilecto filio FRANCISCO CLAUDIO AUGUSTO HUNGARIÆ PRINCIPI MARCHIONI DE CROUY-CHANEL PARISIENSIS.

PIUS P. P. IX.

Dilecte fili, salutem, et apostolicam benedictionem quos æque nobilitate, ac religionis studio, consilio, et in hanc apostolicam sedem observantia Ornatos noverimus, eos honoris titulo libenti animo decoramus. Quum igitur exploratum nobis sit, TE CLARO ORTUM GENERE, rebus que optimis institutum, pietate, morum Gravitate, prudentia, aliisque egregiis moribus prœditum, nobis et huic apostolicæ sedi ex animo esse addictum, idcirco in eam mentem venimus, ut aliquod tibi exhiberemus paternæ nostræ voluntatis testimonium. Te igitur peculiari honore augere Volentes, et a quibusvis excommunicationis et interdicti, aliis que ecclesiasticis censuris, sententiis, et pænis quo vis modo, et quacumque de causa latis, si quas forte incurristi, hujustantum rei gratia absolventes, et absolutum fore consentes. Ic hisce Litteris auctoritate nostra apostolica equitem Commendatorem ordinis Sancti Gregorii Magni, classis civitis eligimus et constituimsu, ic que in splendidum illu mordinem Cooptamus. Tibi proinde concedimus, ut proprium et jusdem ordinis insigne, nempe magnam crucem auream Octangulam rubra superficie imaginem Sancti Gregorii Magni in medio referentem gestare possis, quæ tenia serica rubra extremis oris flava Collo inserta dependeat. Ut autem nullum discrimen sit in eodem insigne gestando, crucis ejusdem schema tibi traditi mandamus.

Datum Romæ apud S. Mariam Majorem sub annulo piscatoris die XXIII februarii MDCCCXLVIII pontifici nostri anno secundo.

Signé : A. Card. Lambruschini.

Vu à l'ambassade de France près le Saint-Siége, pour la légalisation de la signature de S. Ém. Mgr le cardinal Lambruschini, secrétaire des brefs de Sa Sainteté.

Rome, le 29 février 1848.

Le premier secrétaire de l'ambassade,

Broglie.

Vu à la grande chancellerie et inscrit au registre matricule des ordres étrangers, n° 10694.

Treize ans plus tard, le 15 juin 1860, le général Eynard, secrétaire général de l'Ordre de la Légion d'honneur, écrivait, par délégation de M. le grand-chancelier, à M. LE PRINCE DE CROUY-CHANEL :

« Monsieur le Prince,
» J'ai l'honneur de vous adresser l'autorisation que
» S. M. l'Empereur a bien voulu vous accorder pour
» accepter et porter la décoration de commandeur de
» l'Ordre de Saint-Grégoire-le-Grand, etc. »

Pour le grand-chancelier de la Légion d'honneur et par délégation :

Le secrétaire général de l'Ordre,
Général EYNARD.

A cette lettre était jointe l'autorisation annoncée revêtue des signatures de l'Empereur et du grand-chancelier duc de Malakoff, conçue en ces termes :

ORDRES ÉTRANGERS.

NAPOLÉON, par la grâce de Dieu et la volonté nationale, EMPEREUR DES FRANÇAIS,

Avons autorisé M. LE PRINCE DE CROUY-CHANEL (*François-Claude-Auguste*)............ à accepter et à porter la décoration de commandeur de l'Ordre de SAINT-GRÉGOIRE-LE-GRAND, de Rome.

Cette décoration est portée en sautoir.

Fait au palais des Tuileries, 12 juin 1860.

NAPOLÉON.
Par l'Empereur :

Vu, vérifié, scellé et enregistré 3, f. 176, n° 10694.

Le grand-chancelier de l'Ordre impérial de la Légion d'honneur,

Le secrétaire général de l'Ordre,

Maréchal PÉLISSIER,
duc de Malakoff.

Général EYNARD.

Quelques jours après celui où M. de Crouy avait reçu du pape les insignes de l'ordre de Saint-Grégoire-le-Grand, les événements du 24 février avaient leur retentissement à Rome. Les Français résidants s'y formèrent en comité. Ils organisèrent une commission de représentation nationale, M. de Crouy en prit la direction. Par ses soins le drapeau de la république fut arboré, sans désordre, à l'hôtel de l'ambassade, et le pape fut amené à reconnaître le nouveau gouvernement de la France et à en donner l'assurance aux membres de la commission improvisée, que M. de Crouy fut invité à lui présenter par la lettre suivante :

DALL' ANTICAMBRA PONTIFICIA.

Del Quirinale, li 8 marzo 1848.

Si previene il sig. principe de Crouy-Chanel che Sua Santita si degnera ammeter lo all' udienza nel giorno di domani 9 cor^e alle ore 5 1/2 pomeridiane *cogli altri suoi colleglii francesi*.

Il maestro di camara di S. S.

DI MEDICI.

Lorsque le nouvel ambassadeur arriva à Rome, il n'eut qu'à continuer les bonnes relations maintenues par le président *improvisé* de la commission de la représentation nationale *improvisée*.

Le 25 avril 1847, S. EXC. LE PRINCE AUGUSTE DE CROUY avait été nommé membre de la Société de statistique, d'agriculture et d'encouragement.

Acte de baptême du prince *François-Claude-Auguste* de Crouy-Chanel de Hongrie, en date du 1ᵉʳ janvier 1794, extrait, en due forme, des registres de la ville de Duisbourg :

« Anno Domini millesimo septingentesimo nonagesimo tertio,
» die trigesimâ primâ decembris natus, et anno millesimo sep-
» tingente simononagesimo quarto, die primâ januarii, bap-
» tizatus fuit Franciscus-Claudius-Augustus filius legitimus
» prænobilium parentum ac conjugum Claudii-Francisci de
» Crouy-Chanel de Hongrie *du Dauphiné*, et Mariæ-Carlottæ
» Bagell, levantibus eum è sacro baptismatis fonte Alexandro-
» Augusto de Pioger et Augustâ-Joannà de Pioger. In quorum
» fidem manu sigilloque propriis expeditas dabam Duisburgi
» ad Rhenum, hac trigesima decembris anno millesimo octin-
» gentesimo decimo.

» Gesron Savels, *pastor romano-catholicorum.* »

MINISTÈRE DE LA GUERRE.

Commission créée pour l'examen des réclamations des anciens officiers.

En conséquence de la décision de S. Exc. le ministre de la guerre, le présent certificat a été délivré à M. DE HONGRIE, marquis de CROY-CHANEL (François-Claude-Auguste),

Pour attester qu'il résulte de l'examen de ses pièces, déposées au secrétariat de la commission, qu'il est susceptible d'être admis au service avec le grade de COLONEL dans l'arme de l'infanterie.

A prendre rang du 1ᵉʳ janvier 1814.

Le lieutenant-général, pair de France, ministre d'Etat, président de la commission,

Le maréchal BEURNONVILLE.

Paris, le 8 septembre 1816.

(Porté au 25ᵉ tableau d'avancement sous le n° 26.)

A la rentrée des Bourbons (1814), la noblesse du Dauphiné avait délégué une députation auprès du roi; le jeune Auguste de Crouy en fit partie sous le nom de *Auguste* DE HONGRIE, *marquis* DE CROY. — Ce fait résulte de la pièce officielle suivante :

D'après les ordres de S. A. R. Mgr le duc de Berry, il est permis à M. Auguste de Hongrie, marquis de Croy, membre de la députation de la noblesse du Dauphiné, de porter la décoration de la Fleur de Lys.

(*Signé*) Ch^{er} DE FONTANES, lieutenant-colonel.

Paris, 1er août 1814.

Nous avons, en outre, d'autres pièces officielles, dont un certificat signé par M. le duc de Berry, le 1er janvier 1815, qui le qualifie Croy-Chanel de Hongrie.

Je ferai observer aussi qu'à la même époque, 9 octobre 1816, Louis XVIII conféra le titre de capitaine d'infanterie, pour tenir rang, à dater du 31 décembre 1799, au père de *François-Claude-Auguste*, sous l'appellation de *Claude-François de Hongrie, comte de Crouy*.

Le brevet officiel est contre-signé par le ministre secrétaire d'Etat de la guerre, maréchal duc de Feltre.

BREVET

De chevalier de l'ordre militaire de Saint-Louis, en faveur de M. DE HONGRIE, MARQUIS DE CROUY-CHANEL, ANCIEN OFFICIER (1).

LOUIS, PAR LA GRACE DE DIEU, ROI DE FRANCE ET DE NAVARRE,

CHEF SOUVERAIN, GRAND-MAITRE ET FONDATEUR DE L'ORDRE MILITAIRE DE SAINT-LOUIS, A TOUS CEUX QUI CES PRÉSENTES LETTRES VERRONT, SALUT.

Étant bien aise de donner au sieur *François-Claude-Auguste de* HONGRIE, *marquis de Crouy-Chanel, ancien officier,* des marques de distinction, en considération des services qu'il nous a rendus, nous avons cru que nous ne le pourrions faire d'une manière qui lui soit plus honorable qu'en l'admettant au nombre des chevaliers de l'ordre militaire de Saint-Louis, institué par l'édit du mois d'avril 1693, étant bien informé des services ci-dessus, et qu'il professe la religion catholique, apostolique et romaine.

A ces causes nous avons fait, constitué, ordonné et établi, faisons, constituons, ordonnons et établissons par ces présentes, signées de notre main, LE SIEUR DE HONGRIE, MARQUIS DE CROUY-CHANEL, chevalier dudit ordre de Saint-Louis, pour, par lui, jouir dudit titre de chevalier, aux honneurs et prérogatives qui y sont attachés, avec faculté de tenir rang

---

(1) Qu'on veuille bien remarquer cette appellation, ANCIEN OFFICIER. Il s'agit d'un homme âgé de vingt-deux ans, qui n'a jamais été porté que sur les cadres de l'armée de Condé, mais qu'on a reconnu susceptible de prendre rang de COLONEL dans l'arme de l'infanterie.

parmi les autres chevaliers dudit ordre et de porter sur l'estomac une croix d'or émaillée, suspendue à un petit ruban couleur de feu, et sur laquelle il y aura l'image de saint Louis, à condition d'observer les statuts dudit ordre, sans y contrevenir directement ni indirectement, et de se rendre à notre cour, toutes et quantes fois que nous le lui ordonnerons pour notre service et pour le bien et utilité dudit ordre. SI DONNONS EN MANDEMENTS à tous les grand'croix, commandeurs et chevaliers dudit ordre militaire de Saint-Louis de faire reconnaître le SIEUR DE HONGRIE, MARQUIS DE CROUY-CHANEL, chevalier dudit ordre, de tous ceux et ainsi qu'il appartiendra, après toutefois qu'il aura prêté le serment requis et accoutumé. En témoin de quoi, nous avons signé de notre main ces présentes, que nous avons fait contre-signer par notre ministre secrétaire d'État pour le département de la guerre.

Donné à Paris, le troisième jour de juillet, l'an de grâce mil huit cent seize.

LOUIS.

Sceau du ministre de la guerre.

Sceau de la caisse des Invalides de la guerre.

Par le roi, chef souverain, grand-maître et fondateur de l'ordre militaire de St-Louis,

MARÉCHAL DUC DE FELTRE.

RECONNAISSANCE

Du droit de porter la croix de Malte.

La décision de l'ordre fut rendue après consultation du généalogiste de l'ordre souverain de Saint-Jean-de-Jérusalem dit de Malte. LA CROIX et la déclaration des membres de la vénérable commission des langues françaises de l'ordre que ladite commission avait agréé la supplique des *nobles postulants*, avait été transmise en original (pièces à l'appui) à S. Exc. le lieutenant du ministère et du Sacré Conseil, qui accorda aux exposants les bulles nécessaires à l'effet de leur demande pour porter la croix de dévotion de l'ordre. — Bulle conçue en ces termes :

FR. ANDREAS DI GIOVANNI Y CENTELLES, sacrez domus Hospitalis St-Joannis Hierosolymitani et militaris ordinis St-Sépulcri dominici humilis magisterii Locum-Jemens, universis et singulis præsentes nostras literas, visury lecturis et audituris salutem. Nolum facimus et in verbo veritatis attestamur, qualiter infrascripta Bulla extracta fuit ex libro Bullarum in cancellaria nostra conservato quam quidem in hanc publicam formam extrahi et redigi Jussimus ut ubique tam in Judicio quam extra eidem plena et indubia fides adhibeatur, cujus tenor est qui sequitur videlicet.

FR. ANDREAS DI GIOVANNI Y CENTELLES, sacrez domus Hospitalis St-Joannis Hierosolymitani et militaris ordinis St-Sepulcri Dominici humilis magisterii Locum-Jenens, et nos coventus domus ejusdem Nobili Claudio Francisco de Hongrie comiti de Croy nobis dilecto salutem in domino sempñam. Generosa tua nobilitas morum suavitas, tuique erga ordinem ñrum animi propensio, ac devotio, quibus apud nos summopere commendaris, nos hortantur ut ornatissimam personam tuam singulari berevolentiz significatione comptectamur. Votis itaque tuis, præcibusque pro parte tua, nobis porrectis, libenti animo, annuentes de nostra certa, scientia tenore præsentium, tibi, ut crucem auream, ad figuram Habitas, ordinis nostri formatam, devotionis causa gestare, et deferre valeas, indulgemus, plenam que licentiam, et facultatem concedimus, et elargimur. Ea tamen adjecta Lege, quod si Uxorem habeas vel duxeris propria conditione inferiorum, præsens gratia nella ipso facto intelligatur. Teque omnibus indulgentiis ac gratiis spiritualibus, quibus vigore priviligiorum nostrorum a sacrosancta. Sede apostolica nobis, et ordini nostro concessorum fratres nostri, aliique, ordini nostro, addicti, utuntur, fruuntur, et gaudent, uti, frui, et gaudere decerium us, et declaramus. Nec non omnium missarum, orationum, piorumque hospitalis et militiz pro catholicz fidei tuitione operum, quiz in dies a fratribus nostris terra, marique (deo Largiente) fiunt, participem in Domino facimus, et omni meliori modo esse volumus. Dummundo, quod præsentes nostras concessionis, declarationis, et participationis litteras, registrari facias in actis Vend : e commissionis vendrum linguarum galliz. Præcipientes universis et singulis dictæ domus nostræ fratribus, quacumque auctoritate, dignitate, officioque fungentibus præsentibus, et futuris in virtute sanctz obedientiz, ne contra easdem atiquatemus facere, vel venire præsumant, sed eas studeant inviolabiliter observare. In cujus rei testimonium Bulla nostra communis plumbea præsentibus est appensa. Datum catanz in conventu nostro die 30 : Mensis Martii 1816.

Et quia ita se habet veritas ideo in hujus rei testimonium Bulla diciti hospitalis noster in cera nigra præsenticus est impressa. Datum Catanès in conventu nostro die, mense, et anno supradictis.

Rég^ta in Cancell.

Frater amabilis vella Vicecancel. Int.

La présente bulle a été enregistrée par la vénérable commission des langues françaises, le 10 juin 1816.

Le comte de BATAILLE.

Vu au sceau, le chancelier de France,
DAMBRAY.

EXTRAIT

DE L'OUVRAGE D'IVAN NAGY (1),

Traduction d'un article commençant à la 13ᵉ ligne de la page 51 et finissant à la 16ᵉ ligne de la page 60 d'une brochure, imprimée en hongrois, intitulée : Familles de Hongrie, avec blason illustré et tableaux généalogiques, *par* Ivan Nagy. — *Troisième volume,* 1ᵉʳ *cahier, de Chinetti à Csatò, Pesth,* 1858.

FAMILLE CROUY (de Hongrie).

Bien que cette famille se trouve déjà mentionnée dans un ouvrage sur les familles nobles de Hongrie, publié par Lehoczky vers la fin du siècle dernier, néanmoins, jusqu'à présent, son histoire n'était connue que d'une manière superficielle. Nous pensons donc que pour rendre notre ouvrage complet et pour répondre à ce que la science exige, nous devons parler de cette famille historique aussi brièvement que possible, mais en même temps d'une manière rationnelle, et de façon à épuiser le sujet. Nous savons, par l'histoire de notre pays, que le roi André II, après la mort de sa seconde femme, Iolanta, se remaria, pour la troisième fois, avec Béatrix, fille du marquis Aldovrande d'Este. Bela IV, le jeune roi, déjà couronné depuis 1222, vit avec chagrin son père âgé convoler en troisièmes noces, car il craignait que si Béatrix mettait au monde un garçon, les descendants de celui-ci ne devinssent pour ses propres héritiers de dangereux rivaux pour la possession du trône.

André II, mort le 21 septembre 1235, laissa effectivement sa

---

(1) Voir page 42.

femme Béatrix enceinte ; celle-ci convoqua alors immédiatement les grands du royaume et leur recommanda son enfant à naître. De son côté, Bela IV, étant monté sur le trône après la mort de son père, fit garder à vue sa belle-mère Beatrix ; mais celle-ci, après avoir corrompu ses gardiens, parvint à se réfugier en Allemagne en se cachant sous des habits d'homme dans la suite des ambassadeurs de l'empereur d'Allemagne, Frédéric II. Peu de temps après, c'est-à-dire au commencement de l'année 1236, elle accoucha, en Allemagne, de son fils Etienne, et elle alla avec lui en Italie, chez Azzo VII (mort en 1264), marquis d'Este, frère cadet du père de Beatrix, mort en 1215 (1).

Etienne fut, pendant sa jeunesse, poursuivi par la haine implacable de son frère consanguin du côté de père, Bela IV. Cette haine fut si grande, que quand les Vénitiens, après avoir pris la ville de Jadra, voulurent faire la paix avec Bela IV, celui-ci leur abandonna la possession de cette ville, mais à la condition qu'ils cesseraient à l'avenir de protéger la reine veuve Beatrix, ainsi que son fils Etienne (2).

Etienne s'attacha, très-jeune encore, au parti des Gibelins en opposition avec Azzo VII ; il chercha en même temps à s'emparer du marquisat d'Este ; mais dès que le marquis Azzo eut eu connaissance de ses menées, Etienne disparut subitement sans qu'on pût deviner le lieu de son séjour. Il s'était réfugié en Espagne, à la cour de Iolante, reine d'Aragon, sa sœur consanguine du côté de père (3). Il résida aussi en France, où peu de temps après, il devint possesseur du village et du château de Crouy (4).

---

(1) Xyst. Schier *Reginæ Hungariæ*, Viennæ 1776, p. 203-208.

(2) Katona : *Historia Critica*, t. VI, p. 38.

(3) Thuroczi Chronicon, dans *Schwandtner*, II, p. 153. — Saint-Allais. *Nobiliaire universel de France*. A Paris, 1818, t. XIII, p. 48.

(4) Témoin un titre daté de 1282, en la possession de la famille, publié par Jean ERDI : *Histoire de la Famille Crouy de Hongrie*, etc. Pesth, 1848, p. 5.

Plus tard, ETIENNE retourna en Italie et fut élu podestat de Ravenne; mais les habitants de cette ville, qu'il traitait avec peu de ménagement, s'étant soulevés contre lui, il alla à Venise où, il épousa Tomasina Morosini, nièce du doge *Marino Morosini.*

De ce mariage naquit ANDRÉ III *le Vénitien,* roi de Hongrie (1290-1301), à qui Etienne, dont il était le seul héritier, avait fait de son vivant donation de tous ses biens situés en Dalmatie et en France (1). C'est de ces domaines français qu'ANDRÉ III, avant d'être nommé au titre hongrois de duc d'Esclavonie (*dux Sclavoniæ*), portait aussi le nom Crouy-Chanel (2).

L'histoire de notre pays nous apprend comment ANDRÉ III le Vénitien devint roi, et nous savons aussi par elle qu'il eut deux femmes, la première appelée FENNENA, et, après la mort de celle-ci, AGNÈS. C'est de sa première femme que naquit sa fille ELISABETH (sainte Elisabeth de Hongrie).

Mais, avant ces deux femmes, ANDRÉ III en avait une autre, qui était SYBILLA, fille de *Pierre* CUMANA, membre du conseil de Venise, ainsi qu'il est prouvé par des documents originaux et authentiques. André III eut avec cette SYBILLA CUMANA deux fils, FÉLIX et MARC, dont la famille a justifié de sa descendance devant la cour du roi de France pour la province du Dauphiné.

Les frères FÉLIX et MARC (ils avaient encore un frère illégitime appelé *Pierre* TARENTESAN) n'allèrent pas en Hongrie, même après que leur père, André III, eut été élu roi de Hongrie (3), et ils en restèrent éloignés, en France, sur le domaine de Crouy, dont le grand-père, ETIENNE, avait fait l'acquisition, et c'est de ce domaine qu'ils furent appelés FÉLIX et MARC CROUY-CHANEL.

Le village et château de Croy ou Crouy (*Castellum Croviac-*

---

(1) Même ouvrage.

(2) Même ouvrage : comparez le titre de 1279, où il est dit : DOMINO ANDREÆ dicto CROUY-CHANELI.

(3) Ivan Nagy paraît ignorer qu'ils étaient morts.

dictum Crouy) est situé en France, dans l'ancienne province de Picardie, actuellement dans le département moderne de la Somme, sur le bord de la rivière de ce nom, à une distance d'environ deux lieues au nord-ouest de la ville d'Amiens.

La famille de Crouy qui, issue du fils d'André III, Félix, est parvenue jusqu'à nos jours et dont nous avons dû raconter ici un peu plus longuement l'origine, parce que l'importance des dates fonde la filiation des premiers de la famille, est entièrement distincte des autres deux familles de ce nom.

La connaissance de l'état des choses et des vicissitudes politiques des temps en question explique incontestablement les causes qui firent que Félix et Marc n'allèrent pas en Hongrie. Il faut dire aussi que ces deux fils moururent de bonne heure, du vivant de leur père, et que Marc mourut subitement et sans descendants (1); que sa mort fut causée par une intrigue plutôt que d'être naturelle (2).

En 1286, il ne restait plus en vie que la veuve de Félix, GUIGONA DE LA CHAMBRE, avec ses enfants mineurs, ANTOINE, ANDRÉ et JEAN.

La descendance de cette famille jusqu'à nos jours, d'après l'ordre généalogique homologué par la Cour française de Grenoble, en 1790, est mise en évidence par l'arbre généalogique suivant :

(Ivan Nagy reproduit une partie de celui que j'ai donné dans le cours de ce travail, et je crois devoir borner ici les extraits de son œuvre pour ne pas tomber dans de fastidieuses reproductions généalogiques.)

---

(1) Cette appréciation est, à mon avis, erronée ; mais elle prouve une fois de plus qu'il ne faut s'en rapporter qu'aux pièces officielles et authentiques.

(2) Erdi, I id., p. 5.

TRAITÉ

Du 1ᵉʳ mars 1279, entre noble, puissant et magnifique homme seigneur Félix de Hongrie et les habitants du château et mandement de Brastole au sujet du droit de pâturage dans la forêt de Weyega, en Dalmatie.

In nomine Domini amen. Cum omnibus et maxime belli temporibus, jura, pacta et alia non scripta tam usagia quam... sepe delusa fiant : qua propter ad omnium et singulorum qui hujus presentis publici instrumenti tenorem viderint, inspexerint, seu etiam audierint, notitiam clarescat : quod cum causa et questio seu questiones, verti seu verti sperarentur, *inter nobilem et potentem, ac magnificum virum dominum Felicium dictum Crouy Chanelis a parte una,* et homines incolas et habitatores castelli Brastolensis et mandamenti ejusdem ex parte altera : super eo quod idem dominus Crouy Chanelis petebat et exigere seu exigi facere volebat, et nitebatur a dictis hominibus incolis et habitoribus, pro equis suis et ratione equorum suorum, quos hoc anno presenti peissonant in nemore de Veyga, eumdem et consimilem peyssonagium quod ab aliis forensibus equis in dicto nemore peyssonantibus exigebatur, et per ipsos forenses solvebatur. Dictis hominibus dicentibus, se, et eorum predecessores toto tempore vite sue consvevisse pasqueyrare et peysonnare equos suos omnes et singulos in dicto nemore de Veyga, et in eodem nemore ipsos equos suos peyssonare et pasqueyrare debere annis singulis, quocunque tempore fuerint herbe in eodem videlicet, quemlibet equum magnum, pretio sex denariorum monete censualis : et quemlibet spavum equum videlicet rosselin pretio trium denariorum, monete ante dicte; seque et eorum predecessores esse et fuisse ab antiquo, et per tantum temporis spacium, quod de contrario hominis memoria non existit, in possessione pacifica dictos equos suos peyssonandi et pasqueyrondi in dicto nemore, tempore quo sunt herbe, pro dicto pretio superius daclarato. *Petentibus, requirentibus, et humiliter supplicantibus, prefato domino suo, ipsos per eumdem teneri et manuteneri, in dicta sua possessione in qua sunt, et nunc usque tam ipsi, quam eorum predecessores fuerunt premissorum, et in qua, tam per ipsum dominum Crouy Chanelis, quam ejus predecessores toto tempore vite sue tenuti fuerunt, et inviolabiliter observati; potissime etiam cum dudum domino Andrea dicto Crouy Chanelli predecessore ac patre ipsius domini magno corde digno ab avo suo regio.* Ipse dominus Crouy Chanelis, modernus, informatus relatu fideli, quod predicta per dictos homines superius proposita et asserta, vitare nitebantur, et in prenarrotorum possessione erant et fuerant ipsi homines, et eorum predecessores, ipsam possessionem usum et consvetudinem approbando ipsis hominibus incolis habitatoribus seu etiam habitaturis dicti loci Brastoleni, concessit se ipsos habitatores et habitaturos dicti loci, et suos peyssonare et pasqueyrare posse debere, et eis licitum fore equos suos, in dicto nemore modo et pretio superius declaratis ; et absque aliquo alio tributo eidem domino, vel suis, per eos ulterius propterea persolvendo. Idque ratum, gratum firmum et validum habere, tenere et attendere, et nunquam contradicere, facere vel venire, promisit et juravit, ipse dominus Crouy Chanelis ad sancta Dei Evangelia inde per eum corporaliter manu tacta, ut de hiis per publicum instrumentum inde sumptum, et eidem domino exhibitum et oblatum eumdem se offerebant equius informare. Inde est quod anno dominice incarnationis ejusdem *millesimo ducentesimo septuagesimo nono, et die prima mensis Martis.* Constitutis personaliter in presentia mei notarii publici, et testium subscriptorum, prefato domino Felicio dicto Crouy Chanelis, ex parte una, et Paulo Stephani de Jarka Johanne Hillauseni, Eleutherio Ruperti, et Gerardo

Alberti, de dicto loco Brastoleni, nominibus suis et ut procuratoribus et procuratio nomine aliorum hominum incolarum et habitatorum dicti loci Brastoleni fidem facientibus de sua procuratione et mandamento quodam publico instrumento per me subscriptum notarium sub data predicta recepto et confecto, ex parte altera. Idem dominus Crouy Chanelis, scienter et sponte, visis informationibus per dictos homines dicto domino super hiis oblatis, videlicet attestationibus nimirum sufficientis fide dignorum testium, super hoc virtute commissionis ab ipso domino emanate, et de ipsius voluntate examinatorum, per quas eidem domino, clare apparuit et apparet, dictos homines incolas et habitatores et eorum predecessores, peyssonare et pasqueyrare consvevisse, et peyssonare debere, equos suos in dicto nemore, pretio superius declarato, et in possessione premissorum esse et fuisse ab antiquo et per tanta temporum intervalla, quod de contrario hominis memoria non apparet. Viso etiam tenore cujusdam instrumenti publici, per Conradum Utraici, notarium publicum recepti, grossati, et signati, sub data anno Domini millesimo ducentesimo sexagesimo, in quo specialiter inter cetera continetur, quod ipse dominus informatus fide dignorum testium, testimonio fideli, quod ipsi homines, et eorum predecessores consveverant peyssonare, et in possessione peyssonandi equos suos in dicto nemore, ab antiquo tempore erant et fuerant pretio predicto : voluit et eisdem hominibus concessit, ut ipsi habitatores et habitaturi dicti loci Brastoleni possint, debeant et eis licitum sit equos suos peyssonare in dicto nemore, pretio predicto.

Quodque et alia in dicto instrumento superius narrato declarata, attendere, et nunquam contradicere, facere, vel venire promisit et juravit ; volens suum super his prestitum juramentum observare, et dictos homines suos in suis bonis juribus conservare, et in sua possessione predicta usu, et consvetudine, cum etiam id de jure facere sit astrictus confirmare, pro se suisque heredibus et successoribus, quibuscunque ad petitionem, instantiam et requisitionem dictorum procuratorum, et mei notarii publici subscripti nominibus suis, et omnium aliorum hominum et incolarum et habitantium ac habitativorum dicti loci Brastoleni, et mandamenti ejusdem, et suorum heredum et successorum, solemniter stipulantium et recipientium, quod predictam possessionem usum et consvetudinem eisden hominibus tenore presentium confirmavit et confirmat, concessionemque predictam, seu confirmationem olim per ipsum dominum dictis hominibus de et supra dicto peyssonagio factam et concessam, et omnia universa et singula in instrumento concessionis seu confirmationis predicte superius designato contenta, scripta et declarata tenore instrumenti, ad plenum sibi lecto, et materia litigii explanata ratificavit, laudavit, et approbavit ; ratificat, laudat, emologat penitus et approbat de nihilominus et abundanti si opus fuerit, voluit, dedit et concessit, vult donat et concedit ipsis hominibus, quod ipsi homines incole et habitatores, et in posterum habitaturi in dicto loco Brastoleni, et mandamento ejusdem, perpetuo, annis singulis, equos suos magnos, et alios vocatos rosslin, possint, debeant, et eis licitum sit peyssonare in dicto nemore Weyga ; et in peissone ejusdem nemoris ponere, tenere, et custodire, anno quolibet quo herbe fuerint in eodem, pretio superius declarato, et per dictos homines pro dicto peyssonagio pretio solvendo consveto, videlicet quemlibet equum magnum pro sex denariis monete censalis, et quemlibet equum parvum vocatum rosslin pro tribus denariis ejusdem monete; sine alico alio tributo inde pro dicto peyssonagio solvendo. Et quod in dicto nemore dictos equos suos custodire et tenere seu custodiri et teneri facere possint, et eis liceat quamdiu ipsis hominibus placuerit, et in dicto nemore dicti equi invenerint seu reperire herbas potuerint ad comedendum. Mandans et precipiens prefatus dominus Crouy Chanelis, presentium testimonio, omni castellano ejusque locumtenenti et ceteris justiciariis dicti loci Brastoleni, qui nunc sunt, et pro tempore fuerint, quatenus premissa omnia fideliter observent, et dictos homines habitatores ac etiam habitaturos in dicto loco, in dicta communi peyssone usu, et consvetudine custodiant et manuteneant, nihil in eorum prejudicium seu premissis contrarium facere attentando, quod si fortasse factum seu attentatum extiterit, id ad statum pristinum et debitum reducant indilate : nullo alio mandato ab eo super hoc ulterius expectando. Promittens nunc et jurans dictus dominus Crouy Chanelis, pro se et suis heredibus et successoribus quibuscunque dictis procuratoribus et mihi notario ut supra stipulantibus, per juramentum suum ab eodem super sancta Dei Evangelia corporaliter prestitum, delatum, et sub hypotheca et obligatione generali, speciali et expressa omnium et singulorum bonorum suorum, mobilium et immobilium, presentium et futurorum, quecunque sint, et quocunque nomine censeantur, seu reperiri potuerint, nunc in futurum et predictas concessionem, confirmationem, ratificationem, laudationem et approbationem, ac omnia et singula supra et infra scripta, omni tempore, ratas, gratas, firmas, rata grata et firma et valida tenere habere, attendere et observare perpetuo ac incoruptibiliter custodire, et se contra premissa, vel aliqua premissorum, per se vel per alium facere velle verbo, in judicio vel extra, de cetero modo aliquo non venire, neque contra facere, dicere vel venire volenti in aliquo consentire, tacite vel expresse, publice vel occulte. Renuncians igitur dictus dominus Crouy Chaneli, pro se et suis in hoc facto, et de eo et toto eo quod ex inde et proinde sequitur et fiet, ex certa scientia, et per juramentum omni actioni et exceptioni dictarum confirmationis, concessionis, ratificationis, laudationis et approbationis modo predicto legitime non factarum, et omnium aliorum premissorum non ita actorum, doli mali, metu, et in factum actioni conditioni, sine causa, vel ex injusta causa ob causam, juri per quod deceptis in contractibus subvenitur omni appellationis remedio, et omnibus causis ingratitudinis, in jure insertis et inserendis; beneficio restitutionis in integrum, et quacumque causa omni deceptioni, lesioni, circumventioni fraudi gravamini et errori, omnique juramenti relaxationi, et omni exceptioni quod magis minus vel aliter scriptum fuerit in presenti publico instrumento quam actum dictum et conventum in presenti contractu et plus valere quod agitur, quam quod simulate concipitur; petitioni et oblationi libelli, litis contestationi, et copie presentis publici instrumenti, omnique juri canonico et civili, omnibusque gratiis et privilegiis, rationibus exceptionibus et oppositionibus juris et facti quibus adversus premissa, vel aliquod facere, dicere vel venire posset aut in aliquo se tuheri. Specialiter juri dicenti generalem renunciationem non valere, nisi precesserit specialis, et de premissis omnibus et singulis jussit, voluit et precepit jam dictus dominus Crouy Chanelis per me notarium subscriptum fieri ad comodum et utilitatem incolarum predictorum publicum instrumentum, quod a sapientibus et peritis in jure dictari voluit si opus fuerit facti tamen substantia in aliquo non mutata, addendo etiam clausulas opportunas. Quibus sic gestis prefati Paulus Stephani, Johanes Hilhauseni, Eleutherius Ruperti et Geraldus Alberti, nominibus suis et ut procuratores et procuratorio nomine aliorum hominum incolarum et habitantium dicti loci Brastoleni scienter et sponte, ut amor et devotio quas idem dominus erga dictos homines incolas et habitatores totis temporibus vite sue ostendit se habere fervore ampliori vigeat et concrescat, et ut ipsos prosequatur gratiis et favoribus opportunis, de ipsorum incolarum et habitantium volontate unanimi pariter et consensu dederunt, donaverunt et concesserunt, dant, donant pariter et concedunt, dictis ipsis hominibus habitantibus et in posterum habitaturis in dicto loco Brastoleni prefato domino Crouy Chanelis domino suo presenti, nomine suo et suorum heredum et successorum solemniter stipulanti et recipienti videlicet, pro quolibet equo magno, quem dictos homines in dicto nemore de Weyga peyssonare contigerit, ut supra ultra pretium seu peyssonagium superius declaratum et per eos solvere consvetum, ipsum pretium seu peyssonagium augmentando, videlicet sex denarios monete censualis predicte, et pro quolibet parvo equo rosslin, quem ibidem etiam peyssonare contigerit tres denarios monete consimilis, et sic erunt **duodecim denarii**, quod abinde in antea, dabunt et solvent dareque et solvere debebunt dicti homines, pro quolibet equo magno, et sex denarii, pro quolibet parvo equo dicto rosslin, quos in dicto nemore deinceps peyssonabunt homines ante dicti. Quod pretium promiserunt dicti procuratores, suis et quibus supra nominibus per juramenta sua et sub obligatione omnium bonorum suorum quorumcunque presentium et futurorum solvere et reddere, dicto domino, vel suis, annis singulis, quibus tamen herbe erunt in dicto nemore, et dictos equos suos peyssonare contigerit in eodem. Cum et sub omnibus et singulis renunciationibus juris et facti ad hec necessariis pariter et cautelis. *Acta fuerunt hec apud Brastolenum super venerandum simulachrum regis Andree Proavi dicti domini Crouy Chanelis,* in presentia et testimonio nobilium Johannis Patzburgii et Petri Valdeni domicellorum, et Martini Hellandi, et Johannis Dirki, per me subscriptum notarium vocatorum testium ad premissa: et ego Anthonius Aynardi dictus de Gallia, suprema regiaque auctoritate notarius publicus premissis omnibus, una cum dictis testibus interfui, et hoc presens Instrumentum recepi, manu mea propria scripsi, sigillumque domini Crouy Chanelis tradidi fideliter requisitus.

ACTE DE PARTAGE

Du 9 février 1282, intervenu entre les seigneurs *Félix* et *Marc de Hongrie*, fils du *seigneur André, dit le Vénitien*.

Qu'on veuille bien remarquer qu'à cette époque André n'était pas encore roi.

In nomine Domini amen. Anno *nativitatis* millesimo ducentesimo octogesimo secundo, indictione decima, die nona mensis februarii, coram me notario publico et testibus subscriptis. *Cum olim ex venerabili memoria Illustris Principes Stephanus in Italiam per gentem Galliam transivisset, antequam venetas adveniret, jura, pactiones, acquisitiones, transactiones, per diversas donationes denariorum et actiones acquisivisset supra terram, dominium et Castellum Croviaci dictum Crouy, per donationem inter vivos elegisset et instituisset universalem donatarium suum charissimum filium illustrem dominum Andream dictum venetianum in possessorem omnium suorum bonorum quorumcunque,* nunc terris maxime distatis bella diversa agens pro diversis juribus consessionibus ac pactionibus sibi illustri patri concessis. *Hinc est quod dominus Felicius dictus Crouy Chanelis condominus Croviacensis natu major dicti domini Andree dicti venetiani; et dominus Marcus Croy Chanelis frater natu minor dicti domine Felicii Crouy Chanelis, et filius secundus dicti domini Andree dicti venetiani,* ambo fratres volentes ad divisionem perpetuam juste pervenire omnium et singulorum bonorum inter eos communium, et que alias fuerunt dicti domini Andree dicti venetiani, nunc ambis dominis filiis suis instrumento simili concessis recepto manu Thomasii Foscarini notarii, continentem quoque dictam procurationem dicti domini patris anno domini millesimo ducentesimo septvagesimo octavo, indictione septima, die vigesima quinta, datum mensis Januarii, dicti domini fratres scienter, prudenter et spontanei pro se, suisque heredibus et successoribus, bona mente et sine dolo, metu, vi, errore, in hoc presenti et publico instrumento, semper et omni tempore valenti fecerunt, de predictis eorum possessionibus omnibus utrinque, cum concordia duas partes, tractatu nihilominus nobilium et egregiorum virorum Amade Comitis Geneve et Petri Pilosi, ex parte dicti domini Felicii Crouy Chanelis, et Radulphi Clarimontis domini Negelle nec non Gallie connestabilis; et Baldevini Quisne castellani Burburgi, ex parte dicti domini Marci Crouy Chanelis libenter et in omni veritate ab eisdem dominis fratribus ad hoc expressim nominatorum et electorum, qui magna cura applicantes, demonstrantes, deponentes in una parte singula universa et omnia possessionnes et bona quibuscunque locis reperiantur, sint et fuerint, que dictus *dominus Andreas dictus venetianus pater amborum dominorum fratrum*, in Gallia quondam et quolibet eorum in solidum concesserit, seu dicti fratres quibuscunque ante presentem divisionem per pacta, jura acquisitiones, tractationes et denariorum donationes acquisiverant, possidebant et habebant et presertim supra terras Dominium et Castellum croviaci dicti Croy nomine et ex parte dicti domini Andree dicti venetiani, condam que sibi competebant et competere poterant et debebant circa dicta dominia castella, terras et possessiones ejusdem nominis, sive sint dicta bona contentia terris cultis et incultis, pratis, vineis, pascuis, nemoribus, piscariis, censibus, censitis domibus et hospiciis, juribus, jurisdictionibus, dominiis utilibusque directis, homagiis et servitutibus, accionibus, et ceteris omnibus aliis, quibuscunque et ubicunque sint et fuerint, seu nunc et in futurum, sub quibuscunque nominibus occupatis et possessis inveniantur, tantum modo et solis Gallie provinciis, exceptis precipue et sine qua exceptione presens hoc instrumentum nusquam advenisset omnibus bonis et possessionibus quibuscunque nominibusque habet, possidet et arbere et possidere debet, virtute quorumdam instrumentorum toto mandamento, hujus loci Alavardi, dictus *dominus Felicius Crouy Chanelis filius natu major, dicti domini Andree dicti venetiani et frater natu major, dicti domini Marci Crouy Chanelis,* que possessiones et bona quocunque nomine non ponantur nec computantur in parte dividenda inter ambos dominos fratres supra nominatos, que quidem bona et possessiones quocunque nomine sint et fuerint, in futurum de eorum ipsorum concordia et utriusque consensu, ipse dominus Felicius Crouy Chanelis frater natu major pervenit in pacem et eam ipse dictus dominus Felicius Crouy Chanelis de ipsius domini Marci Crouy Chanelis fratris sui natu minoris voluntate et bono consensu, ac sponte pro sua portione acceptavit et elegit, et ea se contentum vocavit, et dixit de iisdem bonis quibus omnibus sub pactis et conventionibus supra et infra scriptis, in alia vero parte divisionis posuerunt, denotaverunt et assignaverunt omnes possessiones, singulas et diversas quascunque consistant et consistere debeant, seu juribus, bonis, jurisdictionibus, dominiis, accionibus realibus et personalibus, utilibus et directis, cencibus et censitis domibus, vergiis, pratis, terris cultis, et incultis, nemoribus, vineis, pascuis, piscariis, homagiis et servitutibus et aliis omnibus, quibuscunque sint et fuerint et esse debeant, et quibuscunque nominibus possideantur et occupentur, nunc et in futurum totis Gallie Provinciis, que quondam dominus dictus Andreas, dictus Venetianus, seu dicti domini fratres moderni, nomine ipsius dicti domini patris, ante presentem divisionem habebant, possidebant et habere, possidere poterant et debebant quomodocunque in totis Gallie provinciis, una cum dictis terris, dominiis, castellis et habitationibus loci Croy, cum juribus ejusdem universis et hec pars de utriusque ipsorum dictorum dominorum fratrum supra nominatorum cum concordia et consensu eidem domino Marco Crouy Chanelis pertinebit et erit, et pertinere et esse debebit, nunc et in uturum tempus et sua bona voluntate et consensu, idem dominus Marcus Crouy Chanelis hanc partem et portionem, pro sua parte accepit et elegit et ea se dixit contentum et vocavit de bonis omnibus supra et infra denominatis et specificatis, sub pactis et conventionibus quiquibus et supra et infra scriptis et conventis. *Et primo*, quod uterque amborum dictorum dominorum fratrum, possit et valeat, per se, vel per alium debita procuratione constitutum si voluerit et sibi videbitur justum et debitum infra sex annos proximos quoscunque et non ulterius non obstantibus quibuscunque pactis et conventionibus impetrare, reclamare et obtinere, de utriusque partis consensu, sive voluntate, sivi voluerit sive noluerit novam divisionem, dictorum bonorum hoc presenti instrumento divisorum, hoc salvo tamen et retento, quod ille dictorum dominorum fratrum novam fieri divisionem reclamans et petens ducentas libras bonorum solidorum turonensium alteri solvere, pagare teneatur ac deliberare, antequam ad divisionis nove inscriptionem incipiatur. *Secundo*, quod dictus dominus Marcus Crouy Chanelis, dicto domino Felicio Crouy Chanelis fratri suo natu majori, mille septvaginta libras bonorum solidorum turonensium solvere, ab hodierno intra tres menses teneatur ac debeat in augmentum debitum portionis dicti domini Felicii Crouy Chanelis, una quaque libra pro viginti solidis turonensibus grossis regis francie ad O rotundum boni argenti, ac legalis ponderis computata, et uno quolibet Turonense, pro unico denario in dicta summa specificate pecunie enumerato et computato.

Tertio, quod si ex ambobus dominis, videlicet dictus dominus Marcus Crouy Chanelis aut saltem *dominus Johannes filiu dicti domini Marci Crouy Chanelis* uxorem et sponsam non duxerit nobilem domicellam Catharinam condominam terre et castelli Croviaci, dicti Crouy, nec non dominam terre Oranie, ac consobrinam dictorum amborum dominorum fratrum, nullum erit hoc presens instrumentum divisionis bonorum, ac si nunquam exstitisset, contrario habebitur et erit. *Quarto*, quod cum dictus dominus Crouy Chanelis natu minor, huc usque venerit, confestim ac brevi tempore, de terra et castello Croviaci dicti Crouy, hujus loci Alavardi per maxime distatis, ac dictis terre et Castello Crouy redire teneatur confestim, breviquoque tempore fuit conventum et actum solemniter inter ipsas partes, quod ab hodierno die, usque ad tempus et diem, quo dictus dominus Felicius Crouy Chanelis solutus et pagatus erit, et deliberatus de dictis mille et septingenta libris bonorum solidorum turonensium specificatis et computatis ut supra, nobilet domini Guillelmus Pecquiniani, Hugo Monchii, Gillesius dictus Gillo de Malliaco, Guillelmus Boufleri dominus Campiniolensis, in castellum illustrissimi nostri Dalphini hujus loci Alavardi, demorare ac habitare teneantur, et debeant obsidibus dicto domino Marco Crouy Chanelis eorum nobilibus personis relictis usque ad dicte summe perfectum pagamentum, solutionem et deliberationem, et in dicto castello, dicti domini illustrissimi nostri Dalphini custoditi et manutenuti nobiliter ac secundum illustres origines ipsorum dictorum dominorum expensis et denariis ipsius domini Marci Crouy Chanelis, cujus in amiciciam, considerationem, libere volunt et consentiunt in dicto castello demorare, habitare et custodiri per homines dicti domini Felicii Crouy Chanelis, usque ad dictum perfectum pagamentum, solutionem ac deliberationem dictarum mille septingenta librarum bonorum solidorum turonensium, specificatarum et computatarum ut supra, et hoc de expresso consensu ac boni voluntate ipsorum dominorum, nec non illustrissimi nostri Dalphini, per nobilem dominum Rogerium Cleriaci, confestim obtentis et mandatis. *Quinto*, quod cum bona exempla sint sequenda et imitanda, pro longis temporibus dominiorum, dictus *dominus Felicius Crouy Chanelis, tam pro se, quam pro domino Antonio suo filio* suisque heredibusque successoribus uterque et dictus dominus Marcus Crouy Chanelis tam pro se, quam pro domino Johanni filio suo, suisque heredibusque successoribus, uterque ad christianam imitationem, nobilium dominorum, dominorum Comitum de Sabaudia que dominorum comitum de Mauriana sibi mutuo et invicem promiserunt solemniter et per juramenta consveta omnibus contractis, omnibus temporibus et occasionibus se se sustinere hominibus, denariis et ex totis viribus corporis et animi, et quod siquod absit adveniat uno ex dictis dominis presentibus que futuris quocunque tempore persecutionem hereditatis vel honoris quod omnes ipsum servire quantum eis erit possibile semper teneantur et debeant pro qua executione sustinenda et applicanda sibi mutuo et invicem et vice versa promiserunt dicti domini patres pro filiis suisque heredibus et successoribus domorum utrarumque junctiones et conjunctiones omnibus modis sancta Ecclesia Romana et principibus christianis premissis, et inter divites et non divites, sine distinctione bonorum favere, celebrare, conjungere per matrimonia et alia contracta et conventa, quantum in eis erit possibile faciendum et peragendum, sibique mutuo et viceversa promiserunt dicti domini patres pro filiis presentibus et futuris, pro se suisque heredibus et successoribus, semper omnibus que temporibus *colores albas et rubras armis comportare*, et pro alalagmo gentilitio semper nomen sanctum Hyerusalem adoptare, acclamare et proclamare omnibus bellis et persecutionis temporibus, que dictus alalagmus gentilitius, dicteque colores, dictis dominis, omnibus regibus et principibus, patribus, avis et proavis dictorum dominorum patrum et filiorum supra nominatorum semper fuerunt consveta, adoptata, et quod ab iis fuerunt reportata ex multis bellis Jherosolimitanis, quodque illa omnibus turneamentis portaverint acclamaverint et proclamaverint. *Sexto*, quod dictus dominus Marcus Crouy Chanelis nihil poterit habere in bonis et denariis dicto domino Felicio Crouy Chanelis, concessis et relictis, fugitiva evasione Petri Crouy Chanelis filii dicti domini Andree dicti Venetiani, qui dictus Petrus filius naturalis dicti domini Andree dicti Venetiani nomen abjuraverit dicti domini patris dictorum amborum dominorum fratrum pro vili nomine adoptando Petri Tarentesani, et hoc non obstante maxima dignitate ecclesiastica ipsius Petri Tarentesani, et quod dicti boni et denarii quicunque sint et fuerint, fuerunt et erunt et esse debebunt et pertinent in perpetuum dicto domino Felicio Crouy Chanelis, et fuit conventum sub conventionibus supra et infra scriptis, quod si prevaleret aut prevaleat in futurum una pars alteram quacumque parte posset aut deberet sibi prevalere, partem prevalentem donat et relinquit nunc et in futurum dictus dominus frater, dicto domino fratri, et hoc donatione pura simplici et irrevocabili, que dicitur inter vivos et sine spe de ceteris revocandis, salvis semper conventionibus, supra et infra scriptis, volens, concedens, precipiens et mandans unus quisque et ambo domini fratres mandantes omnibus hominibus seu personis aliquibus in Emphiteosim ab eisdem dominis fratribus habentibus aut quicunque sint et quibuscunque de dominio eorum, quod tenori hujus publici instrumenti pareant ac parere teneantur et debeant, quamquidem divisionem ipsi domini fratres laudaverunt et approbaverunt et omnia contenta in hoc presenti publico instrumento pro se et suis heredibus et successoribus quibuscunque et sub obligatione expressa et generali, omnium suorum bonorum presentium et futurorum, mobilium et immobilium, et hoc tactis ab ambobus dictis dominis fratribus et eorum quolibet sacro sanctis Dei evangeliis supra quibus juraverunt solemniter et *per animam sanctam et terribilem Illustris regis Hungarie Andree proavi dictorum dominorum fratrum*, quod contra predicta vel aliqua de predictis nunquam venire sed custodire et inviolabiliter observare, neque de jure vel de facto, arte vel industria, palam aut publice et occulte, seu modo aliquo consentire.

Renunciantes supra nominati domini fratres, in hoc facto, pro se et suis successoribus et heredibus omni exceptioni, doli, vis, metus, erroris et presertim juri dicenti generalem renunciationem non valere; nisi precesserit specialis, et fuit actum quod predictis omnibus fiant duo publica instrumenta unum ex altero cancellata, ad fidem adhibendam certiorem, et tot quot sint et fuerint necessaria singulo et predicto dictorum nobilium dominorum Amadei Comitis Geneve, Petri Pilosi, Radulphi Clarimontis, et Baldevini Guisne, facti substantia non mutata. Actum apud Alavardum, in turre Trolli; ubi testes fuerunt vocati nobiles viri Dominus Aque, Eynardus turris dominus Vinaysii, Remundus Agoulti dominus Beaurieri, Guillelmus Avalonis, Siboudus Clarimontis, Girardus de Bellacomba miles et mistralis.

Ego vero Stephanus Pilati auctoritate imperiali nec non delphinali Notarius publicus, premissis omnibus presens fui, et hanc chartam rogatus et requisitus scripsi, signoque meo proprio et consveto presignavi in robur et testimonium premissorum.

Hatirat : Divisio bonorum inter Dominus Felicium Crouy Chanelis et Marcum Crouy Chanelis fratres, acta Dominorum Amadee Comitis Geneve, Petri Pilosi, Radulphi Clarimontis et Baldevini Guisne arbitragio.

QUITTANCE RÉCIPROQUE

Entre le seigneur *Félix de Hongrie, dit Crouy Chanel* et le seigneur *Marc de Hongrie,* co-seigneur de Crouy, son frère cadet (27 avril 1282).

Anno Domini *uativitatis* millesimo ducentesimo octagesimo secundo indictione decima, et die vicesima septima mensis Aprilis, coram me notario publico et testibus sub nominatis omnibus appareat manifeste, quod cum per intrumentum manu mei notarii receptum, anno domini millesimo ducentesimo octagesimo secundo indictione decima, et die nona februarii mensis, *Domini Felicius Crouy Chanelis, et Marcus Crouy Chanelis fratres,* diversis clausis et clausulis sese mutuo et respective obligaverint, inter quas clausas et clausulas scriptas, contentas et conventas due sequentes erant, quarum tenor sequitur : *Secundo,* quod dictus Dominus Marcus Crouy Chanelis, dicto domino Felicio Crouy Chanelis fratri suo natu majori, mille septigentas libras bonorum solidorum turonensium solvere, ab hodierno die intra tres menses teneatur ac debeat in augmentum debitum portionis dicti Domini Felicii Crouy Chanelis, unaquaque libra, pro viginti solidis turonensibus grossis regis francie ad O rotundum boni argenti et legalis ponderis computata et uno quolibet turonensi pro unico denario in dicta summa specificate pecunie enumerato et computato. *Quarto,* quod cum dictus Dominus Marcus Crouy Chanelis huc usque venerit confestim et brevi tempore de terra et Castello Croviaci dicti Crouy hujus loci Alavardi per maxime distatis ac dictis terre et Catello Crouy redire teneatur confestim brevi quoque temporet fuit conventum et actum solemniter inter ipsas partes, quod ab hodierno die, usque ad tempus et diem quo dictus Dominus

Felicius Crouy Chanelis solutus et pagatus erit de dictis mille et septingentis libris bonorum solidorum turonensium specificatis et computatis ut supra, nobiles Domini Guillelmus Pesquiniani, Hugo Monchii, Gilesius dictus Gillo de Malliaco, Guillelmus Bouffleri Dominus Campiniolensis in castellum Illustrissimi nostri Dalphini demorare ac habitare teneantur et debeant obsidibus dicto Domino Marco Crouy Chanelis eorum nobilibus personis relictis usque ad dicte summe predictum pagamentum, solutionem ac deliberationem, et in dicto castello, dicti Illustrissimi Domini nostri Dalphini custoditi et manutenuti nobiliter ac secundum illustres origines ipsorum dictorum Dominorum expensis et denariis ipsius Domini Marci Crouy Chanelis, cujus in amicitiam et considerationem libere volunt et consentiunt in dicto castello demorare et habitare et custodiri per homines dicti domini Felicii Crouy Chanelis usque ad dictum perfectum pagamentum, solutionem et deliberationem dictarum, mille septingenta librarum bonorum solidorum turonensium, specificatorum et computatarum ut supra, et hoc de expresso consensu ac bona voluntate ipsorum Dominorum, nec non illustrissimi nostri Domini Dalphini per nobilem Dominum Rogerium Cleriaci confestim obtentis et mandatis, hinc est, quod anno indictione et die mensis quibus supra, dictus Dominus Felicius Crouy Chanelis pro se et suis heredibus et successoribus, non vi, non dolo inductus, sed sciens prudens et spontaneus ut dixit et asseruit, ad instantiam et requisitionem dicti Domini Marci Crouy Chanelis sui fratris natu minoris sibi factam in presentia mei notarii et testium subscriptorum solvit, quietavit et deliberavit dictum Dominum Marcum Crouy Chanelis suum fratrem natu minorem de omni obligatione, in qua eodem Domino Felicio Crouy Chanelis pro mille septingenta libris tenebatur, computatis et specificatis ut supra, quas dictas mille septingenta libras habuisse et recepisse confitetur dicto Domino Marco Crouy Chanelis suo fratre natu minore, pro quadam dicte summe obligatione faciendo pactum de non amplius petendo, et vicissim et viceversa dictus Dominus Marcus Crouy Chanelis, dictum Dominum Felicium Crouy Chanelis suum fratrem natu majorem solvit, quittat et deliberat de omni quod sibi debeat aut debere poterat circa bona aut denarios quomodocunque, Petri Crouy Chanelis, deinde nominati Petri Tarentesani, et solemniter fuit actum, pactum et conventum, quod ex hoc die et momento libere vivere possint, proficisci et demorare dicti nobiles Domini Guillelmus Pesquiniani, Hugo Monchii, Gillisius dictus Gillo de Malliaco, Guillelmus Bouffleri Dominus Campiniolensis, et hoc die et momento de obsidibus immunes et liberi, pactum expressum facientes dicti domini fratres nominibus suis et suorum heredum et successorum, de ulterius uuus alteri et quilibet ipsorum alteri non potendo sese mutuo, vicissim respective et viceversa solventes quittantes dicti domini fratres nominibus quibus supra, deliberantes in perpetuum occasione omnium premissorum obligationum et instrumentorum quorumcunque usque ad hoc presens instrumentum publicum existant aut existere possint, et hoc prout melius et sanius esse potest et per sacramenta super sancta Dei Evangelia corporaliter prestita per eosdem et a quolibet eorumdem; *et per animam sanctam et terribilem illustris regis Hungarie Andree proavi dictorum dominorum fratrum*, et sub obligatione omnium bonorum suorum, presentium et futurorum, se contra predicta, per se vel per alium de jure aliqua arte vel industria nusquam venire, facere seu alteri contravenienti vel contravenire volenti minime consentire. Renunciantes dicti domini fratres nominibus quibus supra sicut in premisiis et per pacta jurati et juratorum vallata, ac omni exceptioni vis, doli mali, metus, erroris et ombo dicti domini fratres exceptioni non numerate pecunie et presertim, juri dicenti generalem renunciationem non valere, nisi precesserit specialis. Et fuit actum inter predictas partes quod de premissis fiant duo ejusdem tenoris publica instrumenta, et tot quot sint et fuerint necessaria in usus dictorum dominorum fratrum, et quorumcumque inter est aut inter esse poterit in futurum. Actum apud Alavardum in turre Trollii presentibus videlicet nobilibus Dominis Gillesio Alamandi, per nostrum illustrissimum Dominum Dalphinum mandato, absentia Baillivi Graisivodani, Guillelmi Avalonis, Johannis de alto Vilario, Mathei de Roga et Aldebergii Strate.

Ego vero Stephanus Pilati, auctoritate imperiali nec non Dalphinali notarius publicus, premissis omnibus presens fui, hanc chartam, rogatus et riquisitus manu Jacobi Arnoldi scriptoris mei scribere feci, ac manu signo meo proprio et consveto presignavi, in robur et testimonium premissorum.

DONATION

Faite, en 1284, au chapitre de Notre-Dame d'Amiens, par MARC DE HONGRIE, chevalier, sire en partie de CROY, fils d'ANDRÉ, duc de Hongrie, avec la ratification de FÉLIX DE HONGRIE, frère aîné dudit Marc.

Je Marcq de Honguerie chers, fiex mon rebouble segneur Andrieu, duc de Honguerie et sire en partie de Croy de seur Soume fais savoir a tous chiaus ki chez lettres uerront et orront q. ie de lassentement et bone uolonte de mon seigneur Félix de Honguerie mo. aisne frere ai done et otrie eritablement p. lame de mi a homes honerables le Dien et le capitre de leglise d Amiens chest a sauoir deus sestiers de ble a prendre a mo. champ du Masnil de seur Rokencourt q. ie possede rankement qnt. il aura ble et deus sestiers dauene qnt. il aura et chest ie ai restoure et renouele pour le don q. ie auoie fait et pour che que ie avois pramis et warandi lassentement de mon segneur Felix mon aisne frere et por che q. che soit fme. cose et estaule nous auons baillies chez psentes lettres selees de nos deux propres sciaus che fu fait en lan de grace M. C. C. II. II. XX. et quatre el mois de feuvrier.

Cet acte se trouve en original dans les archives et dans le sixième volume des cartulaires du chapitre de la cathédrale de Notre-Dame d'Amiens, page 42, coté en tête XVII.

INVESTITURE ET QUITTANCE

Des lods, accordées à Guillaume Dedin, par dame Guigonne, etc., etc., veuve du seigneur *Félix de Hongrie, dit Crouy-Chanel* (1286).

Anno domini millesimo ducentesimo octuagesimo sexto, indictione decima quinta, et quinta idarum decembris, coram testibus infrascriptis, Michaela filia quondam Laurentii de Alavardo fabri uxor Jaquerii Emidonis incole Alavardi, de consensu et voluntate ejusdam Jaquerii, et idem Jaquerius unusquisque in solidum pro se et eorum heredibus seu successoribus vendiderit et concesserit in perpetuum, pretio decem librarum bonorum denariorum viennensium, de quibus se tenuerint propagatis Guillelmo Dedinii de Alvardo recipienti et stipulanti pro se et suis heredibus seu successoribus quibuscumque unam petiam vinee, sitam juxta viam qua itur versus privatum, et juxta vineam Petri Trazat et Burnonis Girbgii, et juxta vineam Johannis Escoferii de Alvardo. Et si qui alii sunt confines de qua vine aiidem conjuges se devestiverunt, ut quasi et dictum Guillelmun investiverunt et in possessionem induxerunt ut quasi ad habendum, tenendum possidendum et quomodocunque sibi placuerit jure perpetuo faciendum promittentes per scriptum et juramentum ad sancta Dei Evangelia prestitum dicti conjuges dicto Guillelmo stipulanti ut supra dictam venditionem salvare, conservare et ab omni persona deffendere, nec non in perpetuum contra facere vel venire renunciantes exceptioni pecunie non numerate et non recepte doli et in factum actionis et exceptioni legi Julie qua prohibitur mulieribus fundum dottalem alienare, privilegio dotis et sedis nuptiis et omni Juri et exceptioni quibus contra venire possent, et continno ad instantiam dictorum venditorum *Domina Guigona domina turris de Alavardo, relicta Domini Felicii Crouy Chanelis militis* ejusdem vinee ut contrahentes dicebant, dictam venditionem laudavit, approbavit et confirmavit, et ipsum Guillelmum inde retinuit et investivit, promittens eamdem dictam vineam, in quantum de feudo suo est, salvare conservare et ab omni persona deffendere tamquam dominus tenetur in jure nec contra predicta venire, salvis usagiis suis et jure alterius tenens se pro pagata de laudimiis et venditis que usagia sunt ut dicebant contrahentes sex decem denarios Viennenses de sancito et totidem de placito. Actum est hoc in domo ejusdem Domine Guigone, et testes ibi fuerunt vocati Johannes de Montelliaco nepos ejusdem Guiffredus de Bonicis, et Michael Genti Erminone dicte capre, item eodem anno quo supra, septima idarum februarii in domo hospitalis de Alavardo sancti Johannis Hyerosolimitani presentibus, et pro testibus vocatis Domino Galteo capellano de Alavardo, et Domino Guillelmo Moyrenci de Alavardo sacerdote, et Guillelmo Simons ejusdem loci clerico frater Petrus preceptor domus vizilie et de Alavardo hospitalis hyerosolimitanis nomine dicti hospitalis dictam venditionem laudavit et ratificavit, et ipsum Guillelmum de dicta vinea in quantum de fundo dicte domus erat retinuit et investivit, promittens eidem Guillelmo stipulanti, ut supra, ipsam vineam in quantum est de feudo dicte domus salvare et conservare tanquam dominus, nec contra predicta venire, salvis usagiis dicte domus et jure alterius, tenens se pro pagato de laudimiis et venditis, que usagia sunt ut ibidem dictum fuit IIII denarii viennenses de sancito cum placito inde debito.

Et ego Hugo Guenisii de Alavardo publicus auctoritate imperiali notarius hiis omnibus interfui, et rogatus hanc cartam scripsi fideliter.

JUGEMENT D'ASSISES

Rendu à Amiens, en 1290, entre noble dame madame Guigonne de la Cambre, dame en partie de la Tour d'Allevard, comme veuve de noble seigneur Félix de Hongrie, chevalier, fils aîné de noble prince André, duc de Hongrie, et aussi comme ayant, ladite dame, la tutelle des trois enfants mineurs dudit Félix : Antoine, André et Jean de Hongrie, d'une part, et le seigneur Marc de Hongrie, sire en partie de Croy et d'Araines, et frère puîné dudit seigneur Félix, de l'autre part.

Tous chiaus qui chez presentes lettres uerront et orront Willaume de Hangest baillis d'Amiens SALUT conme plais fust meus par deuant nous et par deuant les houmes le Roy es assizes d Amiens de noble dame medame *Guigonne de le Chambre* dame en partie de le Tour d Allevard en Dalphinel cme. *feme ueue de feus noble segneur Felix de Honguerie chr. et aisne flex noble prince mon segneur Andrieu duc de Honguerie* et aussi cme. ayans le deseur dite dame ueue le bail de chez trois enfant *Antoine, Andrieu et Jehan de Honguerie* desaagies et meneur daage le deseurdite dame ueue et meneur assistes de maistre Lienard de Secq qui leur fu baille par jugement pour deffendre leur droits dune part et de mon segneur Marcq de Honguerie chr sire en ptie. de Croy de seur Soume et d Araines et puisne frere de feus segneur Felix deseur dit dautre part sur che q. le procureres le dame ueue et trois meneur deuant dis auoit offert a prouuer q. le segneur Marc leur oncle deuoit. payer a houmes houneraules et discres le dien et le capitre d Amiens chienc chens liure de par lesquiex deniers leur auoit este doune par le Darreine uolente contenue au testament de deuant dit feus segneur Felix por estre desparti par aus a oueure pieux chè q. me sire Marcq nia deuoir disant q. le quittanche des pties de segnouries de Croy et Darraines q. il auait achate de feus segneur Felix son frere estait finable et generale et auoit este coferme par son neueu le segneur Antoine aisne fiex de son frere A quoi le procureres les deuant ueue et meneur auoit respondu que le quittanche estoit finable tant seulemnt p. les pties. de segnouries de Croy et Darraine ains nient p. les droits sis el tereoir de Guyancourt cme. est porte aus lettres de monsegneur Marcq qui le soubmetoie a paier le devant dite chienc chens liures de par. et por la cofermation ne pouoit estre ualable estant pour lors le segneur Antoine Desaagies et bail q. dure encore sachent tout que toutes les lettres ueue q. tesmoins ois et toutes les raisons proposees dune ptie. et dautre et raportees en jugement en lassize d Amiens deuant les houmes le Roy il fut dit en lassize et par jugement des houmes le Roi que li procureres le dame ueue Guigonne de le Chambre et de ches trois enfant meneurs assistes de maistre Lienard le Secq deuant dis auoit bien prouue sentence contre le deuant dis monsegneur Marcq p. les deuant ueue et meneurs et fu che jugement fais en lassize qui fu a Amiens lan M. deux chens quatre vins et dis le leudi aprs le feste saint Barnabe lapostre en le presence de nous par mon segneur Will. Tirel chr. segneur de Pois mon segneur Pierron de Milli chr. Symon de Croy Renaut de Canapes Derieu de Bartangle et Jehan Godri houme le Roy et che certifions a tous p. le teneur de ches presentes lettres selees du seel de le baille d Amiens qui furent faites lan de grace M. CC. IIII. xx. et dis le merkedi deuant la saint Pierre et la saint Pol apostres.

Cet acte se trouve dans les archives et dans le sixième volume des cartulaires de la cathédrale de Notre-Dame d'Amiens, en original, pages 103 et 104, coté en tête LXXIII.

FONDATION DE MARGUERITE DE SICILE,

Femme du comte Charles de Valois, faite en 1292, au chapitre de Notre-Dame d'Amiens, pour le repos de l'âme de feu noble chevalier Félix de Hongrie, jadis seigneur en partie de Croy-sur-Somme, cousin de ladite Marguerite, et fils aîné de très-noble prince André de Hongrie.

Nous Marguerite de Sicile feme de mon segneur Charles Quens de Valois faisons savoir a tous chiaux ki sont et ki avenir sont q. feus noble chevalier Felix de Honguerie notre cousin jadis segneur en partie de Croy de seur Soume et aisne fiex de tres noble prince Andrieu de Honguerie notre chier oncle fu dechede soubitement en la flour de son aage NON SANS SOUPECHON DE MALENGIN laissant a che monde sa ueue auuec trois petits enfans et considere q. le deseur dit chr. etoit note cosin tant par me-dame Marie de Honguerie notre chiere mere, que par mon segneur Charles Roi de Sicile notre tres redoute pere nous meus de bonne uolonte a le loenge et por le service de Dieu de la vierge Marie et en accroissement des bns. faits en sainte eglise et por le remede et peurffit de lame de feus notre chier cousin Felix de Honguerie par lassentement bonne uolonte de mon segneur Charles Quens de Valois deuant dis avons donne et otrie bien et lauyaument a tous iours yretaulement a houmes houneraules et discres au dien au capitre del eglise d Amiens toutes les dismes q. nous auions ou pouuions auoir ou recla-mer el terroir et es appartenanches en la uille d Aruiller q. nous auions achatees du segneur Guis de Chastellon por et auoec lassentement de mon segneur le uesque d Amiens la fondation d'une messe pptuelle en leglise du deuant dit capitre pour le repos de lame de notre deuant dit cosin uolons q. la deseur dite messe par nous fondee et ordonnee estre dite et celebree chacun jour a ppetuite en la capele q. on dit mon segneur St Jehan Batistre desquelle sera establie et jusque a lors sera celebree au grand autel de Notre-Dame par le capelains de le deuant dite eglise auoec le luminaire et tout ce qui sera necessaire pour bien accomplir la presente fondation par laquelle nous auons fait che don et por chez coses nous auons renonchie et renonchons par nos ferrement et deuant dites dismes et nous sonmes dessaisis du tout et auons amorti en le main du dien et du capitre deseur dit sans rien retenir ne houmage ne Segnourie ne dautre redeuanche et prametons ke es dismes donnes de seur dites jamais rien ne reclamerons par nous ne par autrui pour cause de douaire d'yretage dacqueste ne par aute cose quiconques elle soit et le deseur dit dien et le capitre ne aucun de leur part ne molesterons et ne procuerons quil soit moleste ne trauaillie ne par nous ne par autrui en court de de crestiente ne en court laie ne en autre maniere ains leur lairons goir et leur lairons tenir en paix dore en auant et a che auons nous obligie nous et nos oirs en tesmoignage de lequelle cose et por q. che soit ferme cose et estaule nous Charles Quens de Valois et nous Marguerite de Sicile feme du deuant dis Quens de Valois auons baille au dien et au capitre deseur dit chez presentes lettres scelees de nos deus sciaus che fut fait en lan del incarnation notre segneur Jhesu Crist mil deus chens quatre vins et douze el mois daoust le joeusdi deuant le fete de le delocation Saint-Jehan Batistre.

Cet acte se trouve en original dans les archives du chapitre de Saint-Jehan-Baptiste et dans le sixième volume des cartulaires de Notre-Dame d'Amiens, page 34, coté en tête VII.

OBIT DE TRÈS-NOBLE CHEVALIER FÉLIX DE HONGRIE.

Obitus Felicis Hungarie, militis nobilissimi quondam quondomini de Croyaco supra Somonan, filii natu majoris nobilissimi principis Andree Hungarie et domine Sibylle Cumane venetarum, pro quo domina Margaretta Sicilie uxor domini Caroli comitis Vadi consobrina dicti Felicis per patrem sicut et matrem fundavit missam perpetuam in capella sancti Joanni-Baptiste, pro qua dedit huic ecclesie partem decimarum vil. d'Arvillers in cujus anniversario dividentur XX. sol. supra decimarum d'Arvillers.

OBIT DE TRÈS-NOBLE CHEVALIER MARC DE HONGRIE.

Obitus Marci Hungarie militis nobilissimi condomini de Croyaco supra Somonam et filii (Natu) minoris illustris principis Andree Hungarie, et domine Sibylle Cumane venetarum fundationis domine Elisabeth de Renti, uxoris nobilissimi domini Guillelmi de Crouy, filioli dicti domini Marci, in cujus anniversario XL. sol. dividentur capiendos supra campum situm in Maisnilio supra Roquencourt et supra villam dictam viam de Croyaco, in territorio vinacurti.

Voir *passim*, ce que j'ai dit sur l'origine de ces pièces.

QUITTANCE

D'Ambroisie de Commier, femme d'*Antoine de Crouy-Chanel*.

Anno a *nativitate* Domini millesimo tercentesimo nono indictione septima. Nobilis *Ambrosia de Commeriis uxor nobilis Antonii Chaneli militis, filii nobilis Felicii Crouy Chaneli*, non aliquo dolo inducta, sed spontanea certificata juris sibi competentis in hoc facto, *solvit et quittavit et deliberavit Guillelmum Commerii de Alavardo de omni fidejussione in qua eidem Ambroisie tenebatur pro dote sua*, quam receperat dictus Antonius ab ipsa aut ab alio, nomine ipsius solvere. Confitendo se habuisse et recepisse ab ipso Guillelmo quadraginta libras monete argenteas ad presens per dalphinatum cur. pro quittatione dicte fidejussionis, faciendo pactum de non petendo mihi Aymoni infrascripto notario recipienti nomine dicti Guillelmi detento alibi quadam occasione dicte fidejussionis post modum, dicta Ambrosia dedit, cessit, transtulit atque mandavit mihi dicto notario presenti et recipienti nomine dicti Guillelmi omnes actiones et jura que sibi competebant et competere debebant, usque ad summam predictam contra heredes dicti Antonii et contra possessores bonorum ipsius ponendo ipsum in locum suum quantum usque ad dictas quadraginta libras, ita quod in exercendis actionibus tam validis quam directis contra dictos heredes vel bonorum possessores et suo nomine proferat, promittens dicta Ambrosia per stipulationem et per sanctum juramentum supra sancta Dei evangelia prestitum mihi dicto notario stipulanti nomine dicti Guillelmi contra dictam quittationem, cessionem et confessionem de cetero non venire de jure vel de facto, sed ipsam ratam et firmam habere et tenere in perpetuum et inviolabiliter custodire; renunciando dicta Ambrosia in hoc facto per pactum et per sanctum juramentum exceptioni pecunie non numerate et non recepte, doli mali et in factum actioni et exceptioni dicte quittationis et cessionis non facte, et juri dicenti quittationem et cessionem factam contra jus non valere; et omni juri canonico et civili per quod posset venire contra predicta vel aliqua de predictis, et juri dicenti generalem renunciationem non valere, protestavit jam dicta Ambrosia, quod jus suum sit semper salvum, et actio sua contra dictos heredes et contra alios fidejussores ultra dictas quadraginta libras. Actum est hoc apud Goncelinum in domo Guillelmi Mander, ubi testes fuerunt vocati et rogati Petrus Dudi, Petrus de sancto Vincentio, Guillelmus Mander, et ego Aymo Combri auctoritate imperiali publicus notarius, his omnibus inter fui et sic vocatus et rogatus hanc chartam scripsi feliciter.

RECONNAISSANCE EN EMPHYTÉOSE

En faveur de noble homme le seigneur *Antoine de Crouy-Chanel,* de plusieurs fonds désignés dans cet article (16 juin 1316).

Anno Domini millesimo tercentesimo decimo sexto, indictione decima quarta, die decima sexta mensis junii, coram me notario publico et testibus infrascriptis ad instantiam et requisitionem mei notarii infrascripti ut publice persone stipulantis et solemniter recipientis *vice nomine et ad opus nobilis viri domini Antonii de Chaneli militis domini turris Alavardi et ejus heredum et successorum* Guillelmetus Genthonis de Alavardo sciens prudens et spontaneus ut asserebat pro se, suisque heredibus et successoribus confessus fuit publice in jure et per sacramentum supra sancta Dei evangelia corporaliter prestitum per eumdem, et coram Stephano Benezeti de sancto Petro de Alavardo notario dato per curiam dicto prefato militi, et per dictum recognoscentem expresse approbato, se tenere et velle tenere, et tenere debere et se et suos heredes et successores tenere constituit in emphiteosim a dicto milite et suis heredibus et successoribus ea que sequuntur, primo quatuor sesteriatas prati sitas in parochia sancti Petri versus locum Sallie ab una parte possidet Guillelmus Rusphi et Johannes Bressandi et heredes Pucelleti de Morestello possident ex altera et Rivus dictus de villario fluit ex altera, et inde confessus fuit se debere et velle debere, et se et suos heredes et successores debere constituit dicto militi et suis heredibus et successoribus singulis annis in festo beati Michaelis sex decem denarios bone monete censualis et totidem de placito in qualibet mutatione domini et possessoris, item unam petiam castaneti sitam in parochia Alavardi in laya, a duabus partibus possident heredes Johannis Pilosi et via publica, qua itur versus montem, coheret et duabus partibus, et inde confessus fuit se debere dicto militi et suis, singulis annis in dicto festo unum obolum bone monete censalis et totidem de placito in qualibet mutatione domini et possessoris item unum journale terre situm in dicta parochia sancti Petri versus Salliam de duabus partibus possidet Guillelmus Rusphi et Johannes Bressandi et heredes Petri Gilbagie possident ex altera item medietatem homagiorum Michaelis de Rastino et heredum Johannis de Rastino et pro predictis confessus fuit se debere dicto militi et suis duodecim denarios bone monete de placito tantum in qualibet mutatione domini et possessoris, item unam petiam castaneti sitam in parochia Alavardi versus Rivezeriam, ab una parte possidet Bartholomeus Rodulphi et Davidi de privato possidet ex altera et heredes Joannis Davidis possident ex altera, et inde confessus fuit se debere dicto militi et suis singulis annis in dicto festo unum obolum bone monete censalis et totidem de placito in qualibet mutatione domini et possessoris; item unum journale terre situm in parochia sancti Petri versus privatum, ab una parte possident heredes Bezonii Lamberti et vinea lambertorum coheret ex altera. et Johannes Lamberti possidet ex altera, et inde confessus fuit se debere singulis annis prioratui sancti Petri de helemosina quatuor denarios cum obolo censali et dicto militi et suis totidem de placito in qualibet mutatione domini et possessoris, item unam petiam terre et vinee continentem circa quatuor fossoriata sitam in parochia Alavardi versus rivezeriam ab una parte possident heredes Petri de Rivezeria et heredes Michaelis de Rivezeria possident ex altera et Aymonatus de Rivezeria possidet ex altera, item unam petiam terre continentem circa unam fossoriatam sitam eodem loco, ab una parte possident heredes dicti Claveyryeni et Joannes Davidis possidet ex altera et heredes Petri de Rivezeria possident ex altera, et inde confessus fuit se debere dicto militi et suis singulis annis in dicto festo duos denarios bone monete, censalis et totidem de placito in qualibet mutatione domini et ossessoris, item unam petiam terre vinee continentem circa quatuor fossoriatas sitam in Parochia Alavardi versus Los Danis, ab una parte possident heredes Bernardi Davidis et heredes Poneti Davidis possident ex altera, et Aymondus de Rivezeria possidet ex altera, item unam petiam vinee continentem circa duas fossoriatas sitam in dicta parochia Alavardi versus Riveze-riam a duabus partibus possidet David de privato et Etyeta Vachierii possidet ex altera et pro predictis confessus fuit se debere singulis annis dicto prioratui sancti Petri de elemosina sex denarios cum obolo censali, et dicto militi et suis totidem deplacito in qualibet mutatione domini et possessoris, item unum quartale favarum censale cum suo placito, quod et faciunt heredes Johannis de Mongontone, pro tribus sesteriatis prati sitis in parochia ferrerie in peda dicta de Rochatz ab omnibus partibus possident dicti heredes Johannis Mongontone. et inde confessus fuit se debere dicto militi et suis sex denarios bone monete deplacito tantum in qualibet mutatione domini et possessoris, promittens dictus Guillelmetus nomine quo supra, per sacramentum supra sancta Dei evangelia corporaliter prestitum per eundem et sub obligatione omnium bonorum suorum presentium et futurorum se contra predicta aut aliqua de predictis per se vel per alium in judicio vel extra de jure, vel de facto, palam aut occulte, tacite vel expresse in perpetuum non venire; nec alicui contra venire volenti in aliquo consentire, sed omnia et singula supra scripta, rata, grata, et firma perpetuo habere, tenere attendere et inviolabiliter observare renuncians dictus Guillelmetus nomine quo supra scienter in premissie et per pactum juramento quo supra vallatum omni exceptioni doli mali, vis, metus, erroris et in factum actorum exceptorum dicte recognitionis aut promittenti non facere conditioni sine causa ob causam, vel ex injusta causa juri dicenti confessionem simulatam, et confessionem extra judicium aut coram non suo judice factam nunquam valituram, beneficio restitutionis in integrum quod datur majoribus et minoribus in suis contractibus lesis et coactis juri dicenti quod si dolus dat causam contractui aut incidit in contractum quod contractus ipso jure sit nullus petitioni et oblationi libelli transcripto copie et impetioni presentis instrumenti et ejus noticie, et omni alio juri canonico consvetudinario et civili scripto et non scripto per quod contra predicta posset in aliquid se tueri, et juri dicenti generalem renunciationem non valere nisi precesserit specialis, hoc tamen per dictum Guillelmetum nomine quo supra ad sui juris conservationem in hujus presentis instrumenti publici principio medio et in fine solemniter prestato quod si ipse tenet aliquam aliam rem aut res, que sit aut sint de dominio feudo aut emphiteosi dicti militis quod ignorat quod inde non possit eidem aliquod prejudicium exoriri, quia de oblitis debitam confessionem faciet quotiescunque plenius fuerit informatus item prestatus fuit, ut quod si res per ipsum superius recognite sint ad majus aut minus omnes articuli, quod superius recognovit quod non sibi prejudicare non possint quare et in quibus in pluri aut minori tenebantur et astrici fuerint pactus est recognoscere quandocunque ad ipsius notitiam poterit pervenire, quas quidem prestationes dictus Stephanus Benezety per eum datus a dicto milite ut et vice et nomine dicti militis et suorum et non admisit et ineptum de jure fuerit admittere, prestans idem vice et nomine quo supra ad dicti militis juris conservationem quod et omnia et singula in quibus dictus Guillelmus juribus dicti militis de Chaneli aliquod detrimentum eidem militi commissa remaneant et apperta, et fuit actum quod de predictis fiant totidem instrumenta publica quod voluerint dicti miles et Guillelmetus Genthonis facti tamen substantiam non mutando. Actum apud Alavardum ante portam superiorem ecclesie dicti loci, presentibus videlicet Petro Michaelis dicto Bec, et Johanne Pilati testibus ad premissa vocatis et rogatis, et me Jacobo Eymini de sancto Petro de Alavardo auctoritate imperiali publico notario. qui premissis omnibus, una cum dictis testibus presens fui; et rogatus hanc cartam scripsi, segnoque meo consveto presignavi.

OBIT DE TRÈS-NOBLE CHEVALIER, ANTOINE DE HONGRIE, DIT CHANEL,

Autrefois Croy, fils d'illustre chevalier Félix de Hongrie et de madame Guigonne de la Chambre, dame en partie de la Tour d'Allevard, de la fondation de Guillaume de Croy, chanoine de la cathédrale de Notre-Dame d'Amiens, et neveu de Robert de Foulloy, jadis évêque d'Amiens.

Obitus Antonii Hungarie dicti Chanelis, alias Croy, militis nobilissimi filii illustris militis Felicis Hungarie et domine Guigone Camere condomine turris Allevardi, fundationis Guillelmi de Croyaco canonici et nepotis Robertis de Folliaco quondam episcopi hujus ecclesie, in cujus anniversario XX. sol. dividet. capiendos supra duas edes sitas in ambiano via comitis et sine lesione actionis habite contra dictas duas edes per ecclesias, nostre domine de Gardo et sancti Martini ad Gemellos.

Extrait sous les divers numéros des titres déjà cités dans les précédents obits.

CONTRAT DE MARIAGE

De *noble et illustre seigneur Pierre Crouy-Chanel,* fils de *noble seigneur Antoine Crouy-Chanel,* et de *noble et belle demoiselle Agnès de Sassenage, dite de Véracien.*

Il est bon de remarquer que PIERRE DE CROUY, MINEUR, agissait du consentement et *volonté* du dauphin Jean et de Béatrix de Hongrie, son épouse, cousine du futur époux, et aussi sœur de Charobert, qui était l'usurpateur du trône de Hongrie.

Anno Domini millesimo tercentesimo octavo indictione sexta et die nona mensis decembris in presentia mei Lautelmeti Guenisii notarii. Item cum sit tractatum de matrimonio coni trahendo per verba de futuro, *inter nobilem et illustrem dominum Petrum Crouy Chanelis, filium nobilis domini Antonii Crouy Chanelis, et nobilis domine Ambrosine de Commeriis ex una parte, et nobilem et egregiam domicellam Agnesiam de Cassenatico dictam de Veraciensi, filiam nobilis et egregii domini Othomardi de Cassenatico dicto de Veraciensi ab humanis decessi, et illustris et generose domine Ludovice de Sabaudia etiam ab humanis decesse ex altera* : hinc est, quod dictus nobilis dominus Petrus Crouy Chanelis sciens et prudens ex aucthoritate, licentia, voluntate et consensu dicti nobilis domini Antonii Crouy militis, et nobilis domine Ambrosine de Commertis presentium et contrahentium patris et matris dicti domini conjugis, *nec non aucthoritate, voluntate, licentia, consensu ac bona protectione illustrissime ac magnissimi nostri domini Johannis Dalphini amici et protectoris dicti nobilis* domini futuri eonjugis; nec non authoritate, voluntate, licentia, consensu ac bona protectione *illustrissime et generosissime Domine nostre Beatricis Hungarie uxoris dicti domini nostri Dalphini, ac ipsius nobilis domini conjugis cognate* promisit et juravit per juramentum suum in manibus sacratis venerandissimi *Johannis Archiepiscopi Ebredunensis devotissimi avunculi sui*, dictam nobilem domicellam Agnesiam de Cassenatico dictam de Veraciensi in amicissimam uxorem et sponsam suam legitimam habere et ire, et viceversa dicta nobilis et egregia domicella Agnesia de Cassenatico dicta de Veraciensi de licentia, aucthoritate et consensu ac voluntate nobilis domini Francisci de Cassenatico tutoris et avunculi dicte domicelle future conjugis et nobilis domine Agnesie Gesie Juinville uxoris dicti domini Francisci de Cassenatico et matrine dicte domicelle future conjugis, et etiam aucthoritate, consensu, voluntate amicitia ac bona protectione illustrissimi ac magnissimi domini nostri Johannis Dalphini utrarumque partium protectoris et amici, nec non aucthoritate, licentia et consensu voluntate ac bona protectione *illustrissime ac Generossissime domine nostre Beatricis Hungarie dicti domini nostri Dalphini conjugis serenissime dicti que domini Petri Crouy Chanelis futuri conjugis cognate*, etiam promisit et juravit in predictis sacratis manibus dictum dominum Petrum Crouy Chanelis in virum et sponsum legitimum in quibus sic actis ire et habere. Item dictus nobilis dominus Franciscus de Cassenatico cum tutelam et regimen acceperit omnium bonorum dicte domicelle future conjugis dicto nomine tutoris, dicte nobili domicelle future conjugi, et tanquam sit opus et quantum interesse potest, et pro ut in futurum dicto nobili domino futuro conjugi, non vi, non dolo, sed sciens et spontaneus ut dicebat, virtute et tenore testamentis nobilis domini Othomardi de Cassenatico dicto de Veraciensi, recepti Jacobi Revolli notarii Noyaret anno domini millesimo tercentesimo secundo, sicut in dicto testamento amplius continetur, prudens et de juribus suis ad plenum certificatus ut dicebat pro se et suis heredibus et successoribus dedit et constituit et assignavit in dotem pro dote et nomine dotis ipsius nobilis domicelle future conjugis filiole ac nepte et dicto nobili domino futuro conjugi presenti et hoc primitus jure presente supra legitimis in omnibus bonis suis paternis et maternis, videlicet medietatem tertie partis omnium bonorum dicte hereditatis dicti nobilis domini Othomardi de Cassenatico dicti de Veraciensi ab humanis decessi tam mobilium quam immobilium quorum cumque, que dictus nobilis Dominus Othomardi de Cassenatico dictus de Veraciensi, mortis tempore relicuerit, ceteris vero bonis et nominibus - - - - - testamentum concessis et relictis nobili domino Guillelmo de Cassenatico fratri dicte nobilis domicelle future conjugis que interim - - - - - - - omnium bonorum que possidebant dicto tempore mortis supra nominati nobilis dominus Othomardus de Cassenatico dictus de Veraciensi - - - - - - Domina Beatrix de Sabaudia, pater et mater dicte nobilis domicelle future conjugis, in pratis, vineis, nemoribus, censibus - - - - pascuis, terris cultis et incultis, arboribus fructiferis et infructiferis, homagiis, domibus molendinis, aut quibusvis aliis bonis - - - - fruendum et possidendum, seu denariis seu natura terrarum et omnium bonorum constitutorum et non constitutorum. Item - - - Domini supra nominati contemplatione prosentis matrimonii dederunt et tradiderunt donatione pura, perpetua et irrevocabili que dicitur inter vivos sine spe donationis revocande, videlicet *tercentos florenos auri*, intra decem annos solvendos, de anno in annum per partes equales, que sunt et erunt triginta floreni auri in quocunque anno, in festo beati sancti Michaelis percipiendos per ipsum dominum futurum conjugem, et ut supra dederunt, constituerunt ac donatione inter vivos donarunt dictus nobilis dominus de Cassenatico edicta nobilis domina Agnesia Gesia Juinville dictis nobilibus dominis futuris conjugibus, dictos tercentos florenos auri sub pactis et conventionibus consequentibus. Et primo: quod dicti nobiles futuri conjugis celebrato ipsis matrimonio inter ipsos teneantur et dabeant venire moraturos in Castello nobilium dominorum donatariorum dicto de Cassenatico, sicut et ibi vivebat alias et antea nobilis domicella futura conjux, preterea suam pupillaritatem. Item pariter inter dictum nobilem et egregium dominum Franciscum de Cassenatico patruum et avunculum dicte nobilis domicelle future conjugis et dictum nobilem Petrum Crouy Chanelis fuit solempniter actum, per sanctum juramentum, supra sancta dei evangelia, per eos corporaliter prestitum se se mutuo confortare et sustinere ac sibi invicem favere, hominibus, denariis et totis viribus corporis et animi, omnibus vite temporibus pacis presertim et belli adversus et contra omnes quoscumque dominos et non dominos, excepto tamen illustrissimo et magnissimo nostro domino Dalphino et nostro domino sanctissimo Papa, ut omnibus contractis est consvetum. Item pariter fuit actum, quod dicti nobiles futuri conjuges cum dictis nobilibus dominis donatariis eisdem vivere preceptis *et omnia facere que boni filii legitimi naturales a sagvine Regio processi, patri et matri facere teneantur et debeant* : ac vice versa, quod dicti nobiles domini donatarii dictos nobiles dominos futuros conjuges tractare et facere habeant eisdem prout boni pater et mater ab illustrissima origine procreati liberis suis legitimis et naturalibus facere teneantur et habeant. Item pariter fuit actum, quod dicti nobilis futuri conjuges teneantur et habeant supportare et solvere debita et alia onera atque predicta medietas tertie partis dotis nomine constituta reperietur teneri et haberi quibusvis personis. Item fuit pariter actum, quod usufructus dicte medietatis tertie partis dotis nomine constitute, dictis nobilibus dominis futuris conjugibus in dicto Castello dicti nobilis domini de Cassenatico communiter expendantur. Item pariter fuit actum, quod si contigerit, quod longe absit dictum nobilem dominum futurum conjugem ab homanis decedere ante dictam nobilem domicellam, futuram conjugem absque liberis legitimis et naturalibus ex ipsis procreatis, quod predicta medietas tertie partis sibi constituta ad dictam nobilem domicellam futuram conjugem pertineat eo mediante, quod ipsa teneatur et debeat facere exequias funerum dicti nobilis domini futuri conjugis bene et honeste, secundum statum dicti nobilis domini futuri conjugis et facultatem dicte medietatis tertie partis et postea vivere consilio dictorum nobilium dominorum Francisci de Cassenatico sui tutoris et avunculi, nec non nobilis domine Agnesie Juinville, sue matrine, si tunc fuerit in humanis. Item pariter fuit actum quod si contingerit quod absit, dictam nobilem domicellam futuram conjugem ab humanis decedere ante dictum nobilem dominum futurum conjugem absque liberis legitimis et naturalibus ex ipsis procreatis, quod predicta medietas tertie partis sibi nomine dotis constituta ad dictum nobilem dominum futurum conjugem pertineat eo mediante, quod ipse teneatur et debeat facere prout supra dictum et scriptum est exequias iunerum et postea vivere consilio dictorum nobilium dominorum Francisci de Cassenatico et Agnesie Gesie Juinville, si tunc fuerint in humanis. Item pariter fuit actum quod si contingerit dictum nobilem futurum ab humanis decedere absque liberis ut supra, et dicti tercenti floreni auri tunc soluti, quod ipsos solvere teneantur et debeant heredes ipsius nobilis futuri conjugis nobili domicelle future conjugi una cum centum quinquaginta florenis auri in augmentum dotis. Et hec omnia sub obligatione et hipoteca omnium bonorum tam nobilis domini futuri conjugis, quam nobilis *Damini* Antonii Crouy Chanelis et nobilis domine Ambrosine de Commeriis patris et matris dicti nobilis domini futuri conjugis presentium et recipientium, tam dictorum bonorum constitutorum quam non constitutorum ut est amplius constitutum et actum in instrumento recepto manu mei notarii anno domini millesimo tercentesimo septimo die sexta mensis - - - - - - Item pariter fuit actum, quod omnia bona per ipsos nobiles futuros conjuges acquirenda sunt et erunt communia quolibet ipsorum. Item pariter fuit actum, quod si contingerit quod ab sit dictos nobiles futuros conjuges absentare Castellum et societatem dictorum nobilium dominorum Francisci de Cassenatico et Agnesie Gesie Juinville ut supra nominibus nominatorum, culpa et defectu ipsorum nobilium dominorum futurorum conjugum, quod donatio facta dicto nobili domino futuro conjugi tercentorum florenorum auri, nulla sit et in nullitatem transeat, prout si nunquam facta exstitisset et nihil habere debeant dicti nobiles futuri conjugis preter dotem predicte nobilis future conjugis sibi constitutam videlicet medietatem tertie partis ut superius scriptum, sed totaliter tercentos florenos auri reddere et restituere teneantur et debeant, seu partem seu totum acceperint. Et etiam et vice versa si contingerit quod absit dictos nobiles dominos futuros conjuges absentare dictum castellum et dictam societatem dictorum dominorum donatariorum ut supra defectu et culpa ipsorum dominorum, quod ipsi nobiles futuri conjugis habere debeant omnia bona tam dotis nomine constituta nobili domicelle future conjugi, quam donationem inter vivos tercentorum florenorum dicto nobili futuro conjugi data predictis pactis inter ipsas partes factis non obstantibus. Item pariter fuit actum quod si quivis partium contrahentium aliquod facere agere habeat seu velit quovis modo cum aliquibus personis sine consensu alterius non possit, nisi duntaxat usque ad summam triginta florenorum auri solverit et deliberaverit : que quidem bona superius in dotem constituta, seu que de eisdem reperietur instrumentum per eumdem nobilem dominum futurum conjugem promisit et juravit ipse nobilis futurus conjux reddere et restituere dicte nobili future conjugi, vel suis in omnibus casibus restitutionis locum habentibus ipso modo et forma, quibus ipsa bona reperiet, una cum centum quinquaginta florenis auri, formis premissis, que dictus nobilis dominus futurus conjux ut supra dictum et scriptum dicte nobili domicelle future conjugi dedit et donavit in augmentum dotis et ipsius alimentum qualiscunque dote recepta vel non recepta solvendis inter sex annos proximos post dissolutionem presentis matrimonii videlicet anno quolibet viginti quinque florenos auri una cum donariis ut est consvetum omnibus contractis. Et ibidem et viceversa dicta nobilis domicella futura conjux de authoritate licentia predictis pro se et suis dedit et donavit dicto nobili domino futuro conjugi presenti ut supra vita durante sua ipsa videlicet septvaginta quinque florenos auri solvendos inter tres annos post dissolutionem dicti matrimonii, videlicet anno quolibet viginti quinque florenos auri. Et fuit actum inter dictas partes contrahentes quod donationes tam contemplatione dicti matrimonii, quam augment et sequenter inter ipsas partes facte ad liberos communes pertineant futurorum conjugum, siqui extiterint post mortem ipsorum conjugum liber dictorum nobilium futurorum conjugum possint facere de augmentis et sequentibus tantum per alterum alteri datis ad eorum omnimodam voluntatem. Item fuit pariter solempniter actum inter partes et sub juramento prestito per ipsas partes supra sancta Dei evangelia corporaliter per easdem, quod *illustrissimus et magnissimus dominus Johannes noster Dalphinus, et illustrissima et magnissima nostra domina Beatrix hungarie amicissima sua uxor cognati dicti illustris domini Petri Crouy Chanelis contemplatione dicti presentis matrimonii et nobilissime cognationis superius dicte et presentim inter dictam illustrissimam et magnissimam dominam nostram Beatricem Hungarie, et dictum illustrem dominum futorum conjugem ambos a sangvine Regio Hungarie processos,* et etiam contemplatione actorum et servitiorum nobili et illustri domino Antonio Crouy Chanelis presenti et contrahenti, et nobili *Andreo Crouy Chanelis avunculo dicti nobilis domini futuri conjugis ac fratre ipsius domini Antonii supra dicti* illustrissimo et magnissimo domino Humberto patre ac predecessore dicti domini nostri Dalphini tam bellis contra Dominum comitem Sabaudia, quam alibi et quod dederit et fecerit et quotidie dare, facere et tueri conatur et etiam contemplatione mediocrium statuum bonis et possessionibus ipsus nobilis domini futuri conjugis et multis aliis contemplationibus non vi, non dolo sed sciens, prudens et spontaneus ut dicebat pro se et suis heredibus et successoribus, dedit et donavit donatione perpetua et irrevocabili que dicitur inter vivos sine spe donationis revocande videlicet *quinquaginta florenos auri quolibet anno solvendos usque* ad extremum vite dicti nobilis domini futuri conjugis percipiendos terris et possessionibus dicti domini nostri Dalphini hujus loci Alavardi sicut erit amplius scriptum et contentum instrumento quod erit confectum confestim eo mediante, quod dictus nobilis futurus conjux sub juramento supra dicto juravit et promisit dictum nostrum Dalphinum versus et contra omnes ex totis viribus corporis et animi attendere, deffendere et tuere conabitur seu pacis seu belli et omnibus temporibus. Item pariter fuit actum, quod ipse dominus noster Dalphinus etiam et eadem contemplatione dicti presentis matrimonii et etiam bonorum servitiorum omnibus temporibus ipsius illustrissimi et magnissimi nostri Dalphini actorum et factorum et que quotidie gerere et facere et eum tuheri conantur et non cessant dicti nobiles domini Franciscus de Cassenatico et Petrus Crouy Chanelis et multis aliis contemplationibus dedit et donavit donatione pura et perpetua et irrevocabili que dicitur inter vivos sine spe donationis revocande, videlicet nobili domicelle future conjugi ut superius dictum *quinquaginta florenos auri* usque ad extremum vite dicte nobilis future conjugis percipiendos supra terris dicti Domini nostri Dalphini ac propingvioribus locis Noyareti et Veureti et presertim supra concessionibus alias domino nostro Dalphino nobili Domina Flotta de Cassenatico eo mediante, quod dictus Dominus Franciscus de Cassenatico, et nobilis Domina Agnesia Gesia - - - - nominibus quibus supra pro predicta domicella futura conjugi renonciantibus et acceptantibus solempniter juraverunt et promiserunt per sanctum - - - - - ut supra scriptum, quod ab hodierno die, usque ad futurum et eternum tempus non amplius erunt lites ac contestationes - - - - Dominus supra terras et possessiones de Cassenatico dicto illustri Domino nostro Dalphino omni tempore debitis ac recognitis census et dominia supra dicta ex hodierno die usque ad futurum et eternum tempus libere, solvere et pagare teneantur - - - - - eo quoque mediante, quod dicti nobiles Domini Franciscus de Cassenatico et Petrus Crouy

Chanelis nominibus quibus supra - - - - - dictis et specificatis
omnibus temporibus pacis et belli, versus et contra omnes dictum illustrem Dominum nostrum Dalphinum - - - - non venerandissimum Dominum Johannem Genovensis Valentinensem
episcopum et Dyensem, nec non venerabilem Dominum Drodonum de Cassenatico priorem Bellimontis, nec non nobilem
Dominum Amedeum Chaste, huic presenti matrimonio presentes et contrahentes omnibus viribus corporis et animi, attendere, deffendere et tuheri conabuntur. Et vice versa venerandissimus Johannes Genovensis Valentinensis et Dyensis
episcopus, nec non venerabilis dominus Drodonus de Cassenatico Prior Bellimontis et nobilis Dominus Amedeus Chaste
presentes et contrahentes, sub dictis pactis et juramentis dictis
nobilihus Dominis Francisco de Cassenatico et Petro Crouy
Chanelis nominibus quibus supra solemniter promiserunt et
juraverunt eos omnibus temperibus, adversus et contra omnes
Dominos et non Dominos attendere, confortare et juvare hominibus et denariis ex totis viribuscorporis et animi, exceptis tamen per omnes partes sanctissimo Domino nostro Papa et illustrissimo Domino nostro Dalphino et sub iis omnibus contemplationibus terre superius dicte Noyaretti et Veureti, supra quibus presentes dicti quinquaginta floreni auri dicti nobiles futuri conjuges post mortem ipsorum erunt et esse habebunt omni
proprietate dicto nobili domino Francisco de Cassenatico vel
suis ad habendum, tenendum et fruendum, ut amplius erit
confestim statutum instrumento manu mei notarii recepto que
omnia predicte partes laudaverunt et promiserunt nominibus
quibus supra, sub juramento et obligationibus suis supra et
infra scriptis, et de novo contra predicta in judicio vel extra
non venire sed ea omnia per partem instrumentum attendere
et reimplere integre et perfecte, perpetuo et omni tempore, et
dictus Dominus Petrus Crouy Chanelis pro dicta dote medietatis tertie partis quieturos facere, predictum nobilem Dominum
Franciscum de Cassenatico et predictam nobilem Dominam
Agnesiam Gesiam Iuinville, dum fuerit in ejus protestate, pro

quibus omnibus submisit et hipothecavit specialiter omnia sua bona paterna et materna, causante constitutione predicta, toties quoties ipsorum Dominorum ut supra nominatorum, vel suorum unus quisque requisiturus, vel de quolibet requisitus nobis de quibuscumque supra nominatis partibus de omnibus supra et infra scriptis et specificatis unum quelibet partium instrumentum prebere, et manu mea scribere, et tot quot sint et erunt in futurum necessaria, que requisitus transcripsi et tradidi fideliter et sigillis omnium partium sigillavi.

Actum apud Alavardum in Castello illustrissimi dicti nostri Dalphini, presentibus videlicet dicto venerandissimo Domino Johanne Crouy Chanelis archiepiscopo Ebrodunensi, nec non nobilibus Dominis Artoldi Brianconis, Guigonis Allamandi, Domini Vallisbonesii, Reymondi domini Meuillonis, Renaldi Montisalbani domini Montismauri, Arnauldi Flotti, Rolleti Pilosi, Artaudi domini Rossilionis, Hugoneti Falavelli, Peroneti Murinacii, Falqueti Montiscanuti, Guigonis Berengarii militis, testibus ad premissa vocatis specialiter et rogatis. Et ego Lautelmetus Guenisii auctoritate imperiali publicus notarius his omnibus interfui, et sic veritas, requisitus et quesitus hanc chartam manu mea propria scripsi fideliter, signoque meo consveto signavi in robur et testimonium premissorum.

Hatirat. Matrimonium nobilis et illustris Domini Petri Crouy Chanelis, et nobilis domine Ambrosine de Commeriis ex parte una. Et illustris et egregie domicelle Agnesie de Cassenatico filie nobilis et egregii Domini Othomardi de Cassenatico dicti de Veraciensi et illustris et generose Domine Ludovice de Sabaudia ex altera.

On doit remarquer que ce contrat de mariage établit non-seulement la preuve de la FILIATION de Pierre de Crouy, mais, dit don Poirier, « *il corrobore encore* » *la preuve que cette maison est issue du sang royal* » *de Hongrie.* »

J'ai porté au tableau Humbert de Crouy, sénéchal de la Dauphine, ce qui est prouvé par le compte-rendu par Jean Poncy, trésorier du Dauphin Humbert II (voir le deuxième volume de Valbonnais, page 281) ; il fut plus tard sénéchal du Dauphin (voir le même ouvrage, page 323).

Il m'a paru important de donner *in extenso* les titres primitifs, ceux qui établissent la filiation au point de départ, *après la perte de la couronne;* il serait fastidieux de reproduire ainsi tous les actes de famille, génération par génération, mais il est bien de mettre en lumière les pièces saillantes qui disent en quelle estime cette famille était tenue à la cour de France, et prouvent que les hommes les plus haut placés la considéraient comme issue du sang royal de Hongrie ; c'est pour cela que j'ai cru devoir reproduire les pièces suivantes émanées du connétable de Lesdiguières.

BREVET ET LETTRE DE LESDIGUIÈRES.

BREVET DE CAPITAINE

D'une compagnie de deux cents hommes, donné par Lesdiguières à Claude de Chanel.

François de Bonne, Seigneur de Diguières et de Serres, lieutenant général pour le Roi, et commandant généralement en

Dauphiné pour son service. Au capitaine *Claude Chanel*, salut; comme pour résister aux pernicieux desseings de nos ennemys, il soit très urgent et nécessaire de faire le plus grand amas et assemblée de gens de guerres qu'il sera possible, et encore pour faciliter l'exécution de certaines entreprinzes que nous avons entremains, grandement importante au service bien et utilité des affaires du Roy, et qu'à ces fins nous ayons advisé de dresser un régiment de gens à pied, sous la charge du sieur François Dupuy, tellement qu'il ne reste que de députer gens ydoynes et suffisants pour la levée des dites compagnies, a cette cause estant duement advertis de vos *valleur, prudhommie et bonne expérience au faict de la guerre*, de votre vollonté, en ce nous mouvants, en vertu du pouvoir à nous sur ce donné par sa dite majesté, nous vous avons donné et donnons par ces présentes charge, pouvoir, et puissance, de lever une compagnie au dit régiment jusques au nombre de deux cents soldats à pied des mieulx aguerris, et plus expérimentés au faict de la guerre que vous pouviez choisir, laquelle vous leverés et assemblerés en toute diligence, pour estre employé lorsque en serés commandé. Si donnons en mandement et par ces présentes ordonnons et mandons très expressément aux consuls manants et habitants du Touvet Pontcharra et Goncelin devons recepvoir pour y dresser vostre ditte compagnie, vous fournir lougis, ustenciles et vivres, jusques ainssy vostre dicte compagnie soict complette en esgalisant sur eulx la dicte despance cellon leurs feulx, et pareillement mandons aux auttres consuls de communaultés où vous conviendra passer et arrester de vous fournir promptemeut lougis et vivres, à peine d'estre déclarés réfractaires et désobéissants et comme tels rigoureusement punis et chastiés. De ce faire vous avons donné et donnons pouvoir, mandement et commission et authorité par ces dites présentes, lesquelles en foi de ce nous avons signées et à icelles fait mettre le cachet de nos armoiries. Donné à la Mure le XXII jour du mois de may l'an mil cinq cent nonante quatre. Signé

Lesdiguières. Et plus bas. Par mon dit seigneur signé de la Baluse.

Et au dessous et le sceau dudit seigneur de Lesdiguières.

La conduite de Claude de Crouy répondit aux espérances de Lesdiguières, qui se hâte de le lui exprimer dans les termes les plus flatteurs.

A Monsieur Monsieur Claude de Chanel capitaine de deux cents hommes de pied, en Allevard.

Je n'ai pu jusques à cette heure, Monsieur, vous temoigner mes sentimens de contentement et satisfaction pour vostre si bonne conduite en la prise de ce fort de Barraulx, en laquelle vous avez le plus contribué par vostre prudence, valleur et activité suivant les rapports à moi faits par plusieurs des miens, et en particulier par mon cadet de Charence. Et vous diray, Monsieur, que je ne attendais pas moins de vous qui trouvez dans votre famille exemples de toutes vertus, et excellente conduite, j'ay chargé mon secretaire Galbert de vous témoigner mes pensées à votre regard : *Je vous aurais faict expédier sur le champ des lettres de noblesse, comme j'ai faict à mon cadet de Charence*, SIN'ESTOIT NOTOIRE QUE VOS ANCETRES EN OCTROYOIENT AUX AUTRES, et puisque ne puys ainsy recognoistre le grand et bon service qu'avez rendu au Roy en ceste occasion, je vous prie m'aider à trouver celle de servir à vostre avancement et suis de toute mon âme votre affectionné amy.

Signé Lesdiguières.

De Grenoble ce 20 avril 1598.

Et au bas est écrit : Le Capitaine Claude de Chanel.

Ainsi donc, en 1598, — Lesdiguières et les grands seigneurs de l'époque ne mettaient pas en question la filiation de cette famille.

JUGEMENT

De la Chambre des comptes du Dauphiné, 1790 (1).

Louis, par la grace de Dieu, et par la loi constitutionnelle de l' état, roy des François, a tous ceux qui ces présentes verront, salut. Scavoir faisons que proces civil auroit eté mû et intenté, pardevant notre chambre des comptes de Dauphiné ; entre nobles *Jean-Claude* CHANEL, notre conseiller substitut de notre amé et féal procureur général au parlement de Grenoble, et *François-Nicolas* CHANEL, avocat consistorial au même parlement freres, demandeurs, suivant les fins de leur requètte du vingt cinq fevrier, mil sept cent quatre vingt dix, tendante à ce qu'il leur soit donné acte de la présentation, qu'ils font des originaux minuttes, ou expeditions originales, de tous les actes titres et pieces enuncées en la ditte requette et y joints, et à ce que les dits titres et actes soient enregistrés au greffe de notre ditte chambre, pour y avoir recours, et en être délivré des expéditions tant aux demandeurs, qu'aux leurs et qu'en consequence, il plaise à notre ditte chambre, déclarer les dits demandeurs descendans en ligne directe et masculine, de FÉLIX CROUY-CHANEL, fils D'ANDRÉ, et *arrière petit-fils* d'ANDRÉ II, tous les trois parties ou rappelés, et ainsi qu'ils sont

---

(1) Nous terminons la reproduction des pièces justificatives par celle du jugement de Grenoble, après lequel la famille de Crouy-Chanel n'eût jamais dû, à notre avis, saisir une juridiction quelconque de cette question de filiation.

Toutes les autres pièces justificatives qui sont passées sous les yeux du Conseil n'ont plus qu'une fort minime importance, en ce sens qu'elles n'ont donné lieu à aucune discussion quelconque, tant leur régularité a paru indiscutable. Nous sommes à des époques rapprochées où les états civils tenus par l'Eglise ne peuvent plus donner lieu à aucune incertitude. Nous croyons donc pouvoir nous dispenser de les reproduire.

désignés dans l'acte du premier mars mil deux cent soixante
et dix neuf, et dans le testament d'*Hector* CHANEL, du vingt huit
décembre mil quatre cent quatre vingt huit et comme tels
avoir droit de jouir de tous les HONNEURS, PRIVILEGES, PRÉRO-
GATIVES, PRÉSEANCES, PRÉEMINENCES, et DROITS dont jouissent,
et doivent jouir les ANCIENS NOBLES, suivant et conformement
aux loix du royaume ; comm' aussi du droit et possession de
porter les armes, dont à eté scellé le dit acte du premier mars
mil deux cent soixante dix neuf, dont il est fait mention dans
le susdit testament d'*Hector*, fascées d'argent, et de gueules,
de huit pièces timbrées d'un casque, ayant pour cimier une
croix surmontée d'un fer de lance, l'ecu suspendu à un arbre,
et ayant deux guerriers pour support avec inhibitions et
deffenses à toutes personnes, de quelque qualité et condition
quelles soient, de troubler les demandeurs aux dits droits et
possession, sous les peines du droit, d'une part, et entre notre
amé et féal procureur général deffendeur d'autre.

Vu par notre ditte chambre la requette à elle présentée par
les dits nobles Chanel par eux signée et par *Durand* procureur
en notre ditte chambre *par laquelle après avoir analisé tous les
titres et actes servant à etablir leur filiation et descendance de*
FÉLIX CROUY-CHANEL *fils du seigneur* ANDRÉ, *et arriere petit fils
d'autre* ANDRÉ *son ayeul Royal*, ils requierent quil leur soit
donné acte de la representation par eux faite des originaux,
minutes, ou expeditions originales de tous les dits actes, titres,
et piéces, quil soit ordonné qu'ils seront tous enregistrés au
greffe de notre ditte chambre, pour y avoir recours, et en etre
delivrées des expeditions à eux, et aux leurs, qu'en consequence
les suppliants soient declarés descendants en ligne directe et
masculine du dit Felix Crouy Chanel, fils du Seigneur André et
arriere petit fils d'André deuxiéme, et comme tels que les
suppliants et leurs descendants continnueront à jouir de tous
les droits, honneurs, privileges, prérogatives, préseances et
préeminences, dont jouissent et doivent jouir les anciens nobles,

suivant et conformement aux loix du royaume, comm'aussi du droit, et possession de porter les armes dont à eté scellé l' acte de mil deux cent soixante dix neuf, enoncé en la ditte requette et rapellé dans les actes posterieurs, qui sont *fascées d'argent et de gueules, de huit pieces* timbrées d' un casque, ayant, pour cimier une croix surmontée d'un fer de lance, l' écu appendu à un arbre, et ayant deux guerriers armés pour support; la ditte requette repondue le vingt cinq février mil sept cent quatre vingt dix de soit montré à notre amé et féal procureur gèneral signé *Trouilloud*.

Les conclusions de nôtre dit amé, et féal procureur général du même jour, par lesquelles il n' empêche qu'il soit dit que les suppliants se cotteront au greffe par le moyen d' un des procureurs en notre ditte chambre, à l' effet de produire, instruire et remettre à la forme de l' ordonnance pour les dittes production, instruction faites contradictoirement avec luy, par le moyen d'un procureur quil feroit cotter pour luy audit greffe et sur ses conclusions, être statué par notre ditte chambre, sur les fins de la ditte requette ce quil apparteindroit les dittes conclusions, signées *Delagrée*; sur lequelles conclusions est intervenue ordonnance conforme mise au bas de la ditte requette signiffiée le même jour vingt cinq fevrier, la ditte requette signiffiée à Riviere, procureur de notre amé et féal procureur général le mème jour, l' acte de présentation aut greffe par les dits sieurs CHANEL par le ministere de *Durand* leur procureur en notre ditte chambre du dit jour vingt cinq fevrier, signiffié au dit *Riviere* procureur le huit mars mil sept cent quatre vingt dix ; autre acte de présentation de notre amé et féal procureur général par le ministere de Riviére son procureur du dit jour vingt cinq fevrier signiffié le mème jour; sommation du mème jour par Durand à Rivière pour voir appointer le procès entre les parties, signifiée le dit jour au dit Riviere; arrêt d'appointement en droit du deux mars mil sept cent quatre vingt dix par lequel il est ordonné que *Durand* procureur des dits nobles *Jean-Claude et François-Nicolas Chanel donnera en communication originale* dans le delai de trois jours, les titres et pièces dont ils prétendent s'aider et servir, le dit arrèt signiffié à Riviere, procureur de notre dit amé et féal procureur général, le huit du dit mois; invantaire de production des dits titres et pieces ainsi que des formalités, tirant depuis la lettre A. jusqu'à la triple lettre etc. signiffié à Riviere procureur le huit mars mil sept cent quatre vingt dix ; acte de la remission faite au greffe de la ditte chambre de susdit jour huit mars, du procés des dits sieurs Chanel, signiffié le même jour ; acte de remission des dits titres et pièces en communication originale, du neuf du dit mois de mars. Extrait de la matricule du dit Durand, procureur des dits sieurs Chanel, signiffié le dit jour au dit Rivière; autre requette présentée à notre ditte Chambre, par les dits nobles JEAN-CLAUDE et FRANÇOIS-NICOLAS CHANEL *frères*, tendante à ce que notre dite Chambre commit tel de nos amés et féaux conseillers, maîtres ordinaires en icelle, quil luy plairoit nommer, pour en l'assistance de notre amé et féal procureur général en notre ditte chambre ; vidimer et collationner, sur les originaux, les expéditions de divers actes de baptême et d'épousailles ou bénédictions nuptiales, concernant la famille des dits sieurs Chanel, énoncés en la dite requette, lesquels actes originaux se trouvoient dans les registres de la paroisse de Saint-Hugues de Grenoble, la ditte requette répondue de soit montré à notre amé et féal procureur général du dit jour, par les quelles il n'empêche qu'il soit procédé à la vidimation et collation des dits actes, sur leurs originaux, pardevant l'un des conseillers maîtres, qui seroit commis à cet effet, desquélles vidimation et collation il seroit dressé procès verbal, aux formes ordinaires en sa présence et assistance ; arrêt de nôtre ditte chambre du même jour, mis au bas de la ditte requette, qui ordonne les dites vidimation et collation en présence de notre dit amé et féal procureur général et députe à cet effet notre amé et féal Jean-Gabriel Duport-Roux, notre conseiller maitre, les dites requette et arrêt signiffiés le même jour au dit Riviere procureur de notre dit amé et féal procureur général. Extrait de la procedure du même jour six mars mil sept cent quatre vingt dix, de vidimation et collation des dits actes, pardevant le dit commissaire, en présence de notre dit amé et féal procureur général, la dite procedure separée des procès-verbaux faits au bas de chacun des dits extraits, signiffié au dit M. Rivière procureur de notre amé et féal procureur général, le dix du dit mois de mars. Autre requette présentée à nôtre ditte chambre par les dits frères Chanel, tendante à jonction de quelques actes et titres y énoncés, répondue d'ordonnance de soit montré à notre amé et féal procureur général, du dix-neuf mars mil sept cent quatrevingt dix; les conclusions de notre dit amé et féal procureur géné al par lesquelles il n'empêche la jonction requise du dit jour ; ordonnance de notre dite Chambre du vingt du dit mois, conforme aux conclusions, la ditte requette et ordonnance signiffiées le dit jour vingt mars, à Rivière, procureur de notre dit amé et féal procureur général.

Vu ensuite les titres ci-aprés produits pour prouver la filiation descendance et noblesse des demandeurs, scavoir : *traité* du premier mars mil deux cent soixante dix neuf, entre noble, puissant et magnifique homme messire *Félix Crouy Chanel* et les habitants du Chateau et mandement de Brastole, au sujet du droit de paturage dans la forêt de Weyga, on y rappelle l'usage ou etoient les habitants d'y mêner paître leurs chevaux, surtout pendant la vie du seigneur *André* dit *Crouy Chanel*, qui y est qualifié de prédécesseur et pere du dit seigneur Félix ; on y observe que le dit seigneur Félix étoit digne, par ses grands sentiments, de son *ayeul royal*, ce traité fut passé à Brastole, en présence de quatre témoins, dont deux sont qualifiés damoiseaux sur le simulacre ou mausolé du roi André bis ayeul du dit Felix, et fut reçu souscrit signé par Antoine Aynard dit de Gaule notaire qui déclare avoir écrit ledit acte de sa main et y avoir apposé le sceau du seigneur Crouy Chanel, le dit acte en original sur parchemin avec la signature du dit Aymard, notaire, et son monograme ; au bas du quel acte est le sceau sur cire du dit Félix Crouy Chanel, pendant par un lac formé du parchemin même de l'acte, le dit sceau un peu endommagé au tour, mais l'écu est entier à l'exception d'un des guerriers, formant le support des armes, qui est emporté à moitié, les armes empreintes sur ce sceau sont *fascées d'argent et de gueule, de huit piéces* timbrées d'un casque ayant pour cimier une croix surmontée d'un fer de lance avec deux guerriers armés pour supports, l'écu paroissant suspendu à un arbre.

Vu aussi deux actes cy aprés produits par notre amé et féal procureur général pour servir de piéces de comparaison des écriture et monograme du dit Dédin, scavoir : I. *Une investiture* passée le dérnier mars mil quatre cent trente huit, indiction prémiere par le vice chatelain d'Allevard à Jean Passedrap dit Guillot de St. Pierre d'Allevard, à raison de l'acquisition qu'il avait faite d'une pièce de bois chatagnerey, en la paroisse de St. Pierre d'Allevard, reçu par le dit Jacques Dedin notaire du dit Allevard, grosse originale sur parchemin avec monograme. II. *Une procuration* passée le douze mars mil quatre cent quarante sept indiction dixieme par noble Antoine Dupeloux d'Allevard à noble Pierre Dupeloux son fils aîné pour rendre hommage au Dauphin, le dit acte passé à Allevard et reçu par le même Jacques Dédin, notaire, grosse originale sur parchemin, les dits deux actes étant conformés quant au corps de l'écriture au stile et au monograme, à l'acte sus produit du vingt quatre aoust, mil quatre cent trente quatre.

Vu aussi les conclusions de nôtre amé et féal procureur général, en notre dite chambre, du vingt deux mars mil sept cent quatre vingt dix, par lesquélles aprés avoir visé et analysé touts les titres cy dessus énoncés, il conclud à ce qu'il soit donné acte aux dits nobles Jean-Claude et François-Nicolas Chanel, fréres de la présentation par eux faite en minutes et grosses originales des titres et actes énoncés en leur requette, qu'en conséquence faisant droit, par notre ditte chambre, aux fins et conclusions par eux prises, il soit déclaré qu'ils ont suffisamment prouvé leur origine et leur descendance en ligne directe et masculine de Félix Crouy-Chanel, fils d'André, dont en l'acte du premier mars mjl deux cent soixante dix neuf, et en celuy du cinq des ides de décembre mil deux cent quatre vingt six ; ce faisant qu'il soit ordonné que la ditte requette, les dits titres et actes seront enrégistrés au greffe de notre ditte Chambre sur les originaux qui resteront au dit greffe, jusques aprés le dit enrégistrement, à l'effet de constater l'origine et la déscendance des dits sieurs Chanel, et de jouir par eux et leurs descendants en ligne directe, des droits, honneurs et priviléges de noblesse et armoiries, et autres résultants des dits titres et actes, suivant et conformement aux loix du royaume, comm' aussi que le dit enrégistrement fait, il leur soit délivré des expéditions en forme, tant des dits titres et requettes que de l'arret qui interviendra, et oui, sur ce le rapport de nôtre amé et féal Daniel-Joseph d'Izoard, conseiller maître ordinaire en notre ditte Chambre, commissaire en cette partie, par elle député, et tout considéré.

Nôtre ditte Chambre à donné acte aux dits Jean-Claude et François-Nicolas Chanel, de la présentation par eux faite, en minutes et grosses originales des titres et actes énoncés en leurs requettes, et en conséquence faisant droit aux conclusions par eux prises, déclare qu'ils ont suffisamment prouvé leur origine et leur déscendance en *ligne directe et masculine* de Félix Crouy-Chanel fils d'André dont en l'acte du premier mars douse cent soixante et dix neuf, et en celuy du cinq des ides de décembre douze cent quatre vingt six ., ce faisant, ordonne que les dits titres et actes énoncés en leur requette ensemble la dite requette, seront enregistrés au Greffe de nôtre ditte Chambre, sur les originaux, qui resteront au dit Greffe jusques aprés le dit enrégistrement, à l'effet de constater l'origine et la déscendance des dits Chanel, et de jouir, par eux et leurs déscendants en ligne directe des droits, honneurs et privileges de noblesse, et armoiries et autres résultants des dits titres et actes suivant et conformement aux loix du royaume, comm' aussi, le dit enrégistrement fait, il leur sera délivré aux chacuns des expéditions en forme, tant des dits actes, titres et requettes que du présent arrêt.

Si donnons en mandement au prémier notre huissier, ou autre huissier sergent royal, faire pour l'entiére exécution du présent arrêt à la requette des dits nobles Jean-Claude et François-Nicolas Chanel freres, tous actes et exploits de justice requis et nécéssaires, à l'encòntre de tout qu'il appartiendra, de ce faire te donnons pouvoir, en témoin de quoy nous avons fait mettre et apposer le scel de nôtre chancellerie à ces dittes présentes.

Donné à Grenoble, en nôtre ditte Chambre, le vingt six mars l'an de grâce mil sept cent quatre vingt dix, et de notre regne le seixieme.

Par la chambre signé Perier

RÉSUMÉ [1]

De tout ce qui précède,
Il résulte, de bonne foi et sans discussion possible, que les deux questions :
L'une de fait,
L'autre de droit,
Posées par l'honorable conseiller d'État, M. Langlais, sont résolues.
En fait :
ANDRÉ II, dit le *Jérosolymitain*, roi légitime de Hongrie, dix-neuvième roi de sa race, et qui régna au treizième siècle, eut un fils de Béatrice d'Este.
Ce fils, reconnu par tous les historiens sous le nom d'ÉTIENNE LE POSTHUME, n'avait d'abord aucune prétention à la couronne, puisqu'il était le puîné de trois frères :
BELA IV,
COLOMAN, duc d'Aylies, dit le Roi des Russes,
ANDRÉ.
Il se conduisit donc en conséquence : né à l'étranger, il y vécut, menant une vie agitée, toutefois fai-

---

[1] Pour ceux qui n'ont ni le temps ni la volonté de lire cette étude historique.

sant des acquisitions en Dalmatie et en France, soit en Picardie, soit en Dauphiné, ou entrant en possession d'abandons qui lui furent faits par ses auteurs ; épousant la nièce du doge Marin de Morosini, duc de Candie, dont il eut un fils nommé ANDRÉ, surnommé *le Vénitien*.

La branche de BELA IV produisit ÉTIENNE, son fils, dit ÉTIENNE V, et LADISLAS, son petit-fils, mort sans enfants.

ÉTIENNE V avait eu un frère, nommé BÉLA, qui mourut sans enfants.

COLOMAN et ANDRÉ, son frère, étaient aussi morts sans enfants, lorsque LADISLAS, qui régnait, fut assassiné en 1290. (Voir le deuxième tableau généalogique.)

A la même époque, ÉTIENNE *le Posthume* était mort, et ses propriétés de Dalmatie et de France avaient été données à deux enfants qu'ANDRÉ *le Vénitien* avait eus de son épouse SYBILLA CUMANA.

Ces deux fils, FÉLIX et MARC, avaient aussi été sacrifiés à de cupides ambitions, en 1286 et 1287 (1) ;

---

(1) Ne croirait-on pas que nous parlons de cette lourde couronne de France, qui tomba de la tête de Louis XIV sur celle de son ARRIÈRE-PETIT-FILS, que tous les siens avaient précédé dans la tombe ; ou bien de cette succession du sceptre de saint Louis, qui ne vint dans les mains *du Béarnais* que par une série de *morts sans enfants* ou de faits irréguliers, dont le nombre considérable fit dire à son historien Péréfixe : qu'il était prédestiné par la Providence.

Faisons observer que les descendants de Robert, dernier fils de saint Louis, ont dû la couronne au soin qu'il avait eu de conserver les armes de France en prenant le nom de Bourbon, qui lui échut du chef de sa femme Béatrice, fille et héritière de Jean de Bourgogne, baron de Bourbon de par sa femme Agnès II. *A cause de quoi*, ajoute Péréfixe, *il prit le nom de Bourbon, non toutefois les armes*, MAIS IL RETINT CELLES DE FRANCE. — Si FÉLIX et MARC DE HONGRIE n'avaient pas eu le même soin, il est probable que le sentiment de leur filiation se serait bien autrement effacé.

ils étaient morts NON SANS SOUPEÇON DE MAL-
ENGIN dit Marguerite de Sicile dans l'acte de fondation
pieuse pour le repos de l'âme de son cousin FÉLIX (1),
mais, quoique bien jeunes encore, ils avaient con-
tracté mariage et avaient laissé des enfants.

En 1290, ANDRÉ *le Vénitien*, fils d'ÉTIENNE *le Posthume* et père de FÉLIX et de MARC, fut couronné roi
de Hongrie par droit héréditaire, régna onze ans et
perdit la couronne par suite de l'insurrection d'une
partie de ses officiers et de l'abandon des autres. Il
mourut deux ans plus tard, ne laissant à ses petits-
fils d'autre fortune que celle qui se trouvait réalisée
par les acquisitions faites en Dalmatie et en France ;
tout ce qui pouvait leur appartenir en Hongrie, POS-
SESSIONS *immobilières* ou *mobilières*, devint la proie
des usurpateurs.

Les domaines immobiliers forment une partie de
ce que l'on désigne encore aujourd'hui sous le nom
de *biens de la couronne*.

Les petits-fils d'André III furent dépouillés par ce
que l'on est convenu, en tout temps, d'appeler
raison d'État... et qu'il serait mieux de nommer
le droit du plus fort.

Ce principe s'est perpétué dans tous les pays,
même dans ceux qui se proclament civilisés ; les
rapprochements naissent en foule dans l'esprit de
mes lecteurs à quelque opinion qu'ils appartiennent.

---

(1) Voir page 189.

Les droits matériels du vaincu, du spolié et de ses descendants, se prescrivent-ils?

Les casuites disent : non.

Toutes les consciences honnêtes disent : non.

L'homme politique répond : oui ! à moins que la grande voix du peuple ne proclame un arrêt nouveau, et n'interprète en faveur du vaincu les volontés secrètes de la Providence.

C'est de FÉLIX, fils d'*André III*, surnommé le *Vénitien*, que les *Croi, Croy* ou *Crouy*, dits *Chanel* et appelés *de Hongrie*, tirent leur origine.

Origine établie, par pièces probantes, de père en fils, en ligne directe, masculine et légitime, génération par génération.

Tant qu'il y aura des *blasons*, des *armoiries*, des *armes*, des *écus*, des *écussons*, CETTE FAMILLE AURA DROIT A CEUX DE HONGRIE;

ILS SONT SIENS.

Les trônes appartiennent aux peuples.

Les insignes historiques sont la propriété des familles.

A quel titre ces insignes héraldiques donnent-ils droit?

Poser la question dans un pays régi MONARCHIQUEMENT, et où le fait aristocratique est maintenu; poser la question, disons-nous, c'est la résoudre, et nous répéterons avec M. le conseiller d'Etat Langlais : CET ÉVIDEMMENT A CELUI DE PRINCE, DÈS QU'IL (le requérant)

ÉTABLIT QU'IL DESCEND D'UN SOUVERAIN EN LIGNE DIRECTE ET LÉGITIME.

Tombés du trône, les rois et leurs descendants ont le privilége, *tacitement reconnu sinon proclamé,* de se qualifier, celui-ci comte de Chambord... tel autre comte de Survilliers... comte de Saint-Leu... comte de Montfort... comte de Neuilly, etc., etc., — et nul ne conteste, nul ne discute.

C'est ainsi, entre autres exemples, que, depuis qu'il est dans l'exil, M. le duc d'Aumale a qualifié le fils qui lui est né en 1854 DUC DE GUISE, qualification nobiliaire que nul ne lui conteste en Europe, pas même la Maison de Lorraine, qui seule eût pu protester de droit, et dont il jouira, ainsi que ses descendants, tant qu'il y aura des monarchies, sans qu'elle soit ratifiée par lettres-patentes.

Ce droit n'est point écrit; il est accepté.

Le fait entraîne le droit, sous un gouvernement monarchique *bien entendu;* car, en république, une pareille question serait sans portée, la forme républicaine étant la négation de tout droit, privilége ou titre monarchique, et, par conséquent, nobiliaire, aristocratique.

En monarchie, le titre *par possession d'état* est de droit logique.

En république, il n'est plus de droit logique, le principe étant nié.

15

Faut-il tirer quelque conséquence de cette mise en lumière d'une filiation indiscutée par l'autorité ;

Soit aux diverses phases de la monarchie bourbonnienne,

Soit aux deux phases de la monarchie impériale élective,

Reconnue par les députés de Hongrie,

Et même à Vienne ?

On paraît le croire et le craindre.

Nous l'ignorons et n'en prenons nul souci.

Les comices de Hongrie ont seuls le droit d'appréciation.

L'historien a rempli sa tâche en disant : Le sang d'Attila, de saint Étienne et d'André le Jérosolymitain n'est point tari ; LES FILS D'ARPAD EXISTENT.

DERNIER MOT

DE CETTE SECONDE ÉDITION

Au moment où on mettait sous presse la feuille 9 de cette deuxième édition, j'ai pu écrire ces quatre lignes :

« *Qu'on veuille bien le remarquer, sur plus de six*
» *cents journaux en Europe qui ont parlé de cette*
» *publication ou de la famille Crouy-Chanel, pas*

» *un seul n'a contesté, que je sache,* LE FAIT DE FI-
» LIATION. » Je peux faire la même déclaration aujourd'hui.

Toutefois, M. de Crouy a été en butte à des attaques violentes.

Les *écrivains de peine*, à la solde de la maison d'Autriche, ne pouvant contester la filiation, ont cru pouvoir en discuter les conséquences logiques.

Permis à eux, ils étaient dans leur droit : le droit d'appréciation;

Ils en ont usé et abusé.

Mais leur droit ne pouvait aller jusqu'à la calomnie, jusqu'à l'outrage;

Ils se le sont pourtant arrogé.

Une feuille de Vienne a accusé le *Pays* d'être *à la maigre solde* du prétendant royal.

Ceci regardait encore plus le *journal de l'Empire* que M. de Crouy lui-même.

L'absurde a le privilége de n'exciter que le dédain.

Nul n'a cru devoir répliquer à la feuille de Vienne, pas plus que nous n'avons cru devoir réfuter les diverses versions ou appréciations politiques qu'on a bien voulu nous attribuer A 5 FRANCS LA LIGNE ; — si le fait était positif, nous disposerions d'un grand crédit ou d'une grosse fortune, et, dans tous les cas, d'une bien importante influence ! !

Il est vrai que, par compensation, une feuille anglaise déplorait la pauvreté de ce descendant d'une lignée royale aussi illustré, et, supposant sans doute que le sang s'était appauvri à l'égal de la fortune, déclarait qu'il n'était pas possible de songer à faire un roi d'un homme qui vivait d'une pension de 3,000 francs.

Libre au *journal coton-épices* de placer les écus d'or avant les écus-blason; *trahit sua quemque voluptas*.

Les patriotes hongrois se sont chargés de la réponse !

Nous le déclarons : nous restons, nous-même, étonné des témoignages nombreux et honorables de sympathie que reçoit journellement, de la part des Hongrois proscrits et des Hongrois de l'intérieur, le vénérable vieillard auquel plusieurs hommes nationaux octroient déjà le titre honorifique porté par ses pères, les SIRES DE CROUY. — S'il se rendait à de pressantes invitations, il eût depuis deux mois fait paraître un manifeste à la nation hongroise ! Plus sage, M. de Crouy attend l'explosion du cri d'indépendance de sa patrie originelle, pour se créer des devoirs d'action, pour lui vouer ce qui lui reste de force, d'intelligence et d'énergie.

Vienne le jour de la lutte suprême, et l'on verra qu'il saura se trouver aux avant-postes et qu'il prendra pour guide de sa conduite ces belles paroles de Jeanne d'Arc : « Pour être le premier à l'honneur, il faut
» avoir été le premier au danger (1). »

---

(1) Au moment où nous mettons ces lignes sous presse, plusieurs journaux annoncent que la légation italienne a donné avis à son gouvernement que le prince de Crouy-Chanel venait de faire viser son passe-port pour Gênes et Rome. Nous sommes en mesure d'affirmer la vérité du fait.

Nous aurions été heureux de n'avoir pas à dire qu'une feuille importante et qui tient sa place au premier rang du journalisme en Europe, a trop légèrement, — en peut-il être autrement dans un travail journalier aussi considérable, — a, disons-nous, trop légèrement accueilli un article de correspondance dans lequel le *badinage* avait revêtu une forme par trop provocante. — La réplique du *Fils d'Arpad* ne s'est pas fait attendre, et le soir même, il adressait au rédacteur en chef du journal provocateur une réponse trop justement méritée, et aux rédacteurs des plus importants journaux d'Europe les lettres suivantes :

Monsieur le Rédacteur,

Si vous avez lu le journal (1)... *du 16 courant, correspondance de Paris, vous apprécierez le sentiment que je ressens et ne me refuserez pas l'insertion dans les colonnes de votre journal de la lettre suivante, que j'ai adressée à M. le rédacteur en chef de cette feuille.*

Agréez, avec mes remercîments anticipés, l'expression de s sentiments distingués.

P^{ce} DE CROUY-CHANEL.

Paris, 18 octobre 1861.

---

(1) Je me fais un devoir de confraternité littéraire de ne pas désigner la feuille étrangère dont le correspondant avait eu un moment l'oubli des convenances sociales et de la dignité de l'écrivain; mieux informé, il a dû regretter la dernière phrase de sa correspondance, qui a excité les susceptibilités de M. de Crouy et de ses amis.

Monsieur le rédacteur en chef de....,

On me communique à l'instant le numéro de votre journal du 16 courant ; je ne saurais vous dire ce que j'éprouve d'indignation à la lecture de l'article qui me concerne.

Je n'ai point à m'occuper ni à me préoccuper de L'AVIS *donné par un prince héritier d'une couronne, car si j'ai l'honneur d'être prince et fils des anciens rois de Hongrie, je ne me suis jamais considéré comme héritier d'une couronne.*

A mon sens les comices de Hongrie ont seuls droit de disposer de la couronne que mes pères ont portée avec quelque gloire.

Je considère donc comme un acte d'insigne lâcheté les allusions que renferme votre correspondance de Paris et vous prie de vouloir bien aussi considérer comme un devoir de loyauté l'insertion de cette déclaration dans les colonnes de votre journal.

Recevez, Monsieur, mes civilités

P^{ce} DE CROUY-CHANEL.

Paris, 43, rue des Martyrs,
17 octobre 1861, 11 heures du soir.

Laissons là cet incident.

Maintenant qu'adviendra-t-il de cette candidature posée par de nombreux patriotes hongrois ?

Je répondrai par ces mots que m'ont prêté plusieurs feuilles étrangères et divers journaux français... « Que » discutez-vous les candidats ? QUID REFERT, EXPELLA- » TUR HABSBOURG, VIDEBIMUS INFRA, » et je répéterai avec M. de Crouy : « LES COMICES DE HONGRIE

» ONT SEULS DROIT DE DISPOSER DE LA COU-
» RONNE QUE SES PÈRES ONT PORTÉE AVEC
» QUELQUE GLOIRE. »

Que la Hongrie soit.

Et lorsqu'elle sera ELLE; lorsqu'elle vivra de sa vie propre, qu'elle se constitue selon sa volonté et les possibilités de sa situation;

Le prince de Crouy pourra bien se déclarer CANDIDAT, *le cas échéant*, mais jamais PRÉTENDANT.

FIN.

TABLE DES MATIÈRES

	Pages.
Sceaux de la Maison de Hongrie-Crouy-Chanel à diverses époques..	7
Note de l'éditeur..	9
Quelques mots préliminaires................................	11
Post-scriptum de la deuxième édition.....................	15
Note du P. Ventura..	20
Descendance d'Attila. — Origine de la race d'Arpad.......	25
Procès héraldique..	28
Variantes d'orthographe dans les noms patronymiques...	32
Revue rétrospective sur la question des titres nobiliaires..	35
Intervention du prince de Crouy-Chanel dans cette question.	39
La famille de Crouy-Chanel reconnue *de Hongrie* en France, en Autriche et à Rome. — Brevets des croix de Saint-Louis, de Malte et de Saint-Grégoire-le-Grand.........	40
Almanach de Gotha, etc....................................	41
Visite du prince de Crouy au roi Louis-Philippe..........	42
Le prince de Crouy présente requête au Conseil du sceau des titres pour faire reconnaître sa royale origine et consacrer son titre de prince...............................	44

	Pages
Consultation de MM. Alexandre Guillemin et Jules Favre.	44
Lettre du prince de Crouy à l'empereur Napoléon III.	48
Rapport de M. le conseiller d'État Langlais au Conseil du sceau des titres.	51
Consultation de don de Villevieille et adhésion de Pavillet, de Lacroix et de Saint-Pont sur la question généalogique relative à la famille de Crouy-Chanel.	67
La Dame blanche de la tour du Treuil.	68
De quelle circonstance la rue et la place de Jérusalem à Allevard tirent leur nom.	72
La maison royale de Savoie doit-elle conserver son nom?.	84
Quel titre doit prendre M. de Crouy-Chanel?	86
Pension faite par l'Empereur au prince de Crouy-Chanel.	87
Opinion de M. de Givodan, directeur du Collége héraldique et archéologique de France, sur la question pendante.	89
Conclusions de M. Langlais.	89
Lettre de M. A. Ferrand, référendaire, au prince de Crouy.	90
Duplicatà des *vu* et *considérant* présentés par M. le Commissaire impérial.	91
Les Rohan et les Coucy.	100
Décision du Conseil du sceau des titres.	102
Appréciation de l'auteur.	104
Réfutation des objections faites à la publication du docteur Erdy en faveur des descendants d'André III.	105
Titres produits en 1790.	107
Qu'entend-on par l'année 1235?.	113
Confusion des dates dans l'histoire de Hongrie. — *Vie de sainte Elisabeth*, par M. le comte de Montalembert.	117
Nombreux mariages entre mineurs.	119
Titres nouveaux.	121
Arrêtons-nous devant l'absurde.	124
Archives de la préfecture de l'Isère.	125
Identité de situation entre la famille de Crouy-Chanel aujourd'hui et la famille Bonaparte en 1777.	126
Les Bourbons peuvent-ils se dire *de France?* Quel est leur véritable nom?.	128
Identité de leur situation sociale dans l'avenir avec celle de la famille des fils d'Arpad.	129

PIÈCES JUSTIFICATIVES.

	Pages.
Déni de justice en 1839-40	135
Saisies de pièces non numérotées	139
Procès de M. Berryer	140
Une visite domiciliaire exécutée par M. le procureur du roi Desmortiers	141
Les scellés sur les presses du journal *la Tribune* apposés dans la nuit du 5 au 6 juin 1832, imprimerie d'Auguste Miè, n'ont jamais été levés. — Confidences de l'ex-préfet de police Gisquet	142
Opinion contradictoire de trois ministres	145
Saisie des papiers du conventionnel Courtois, par le ministre de la police Decazes	145
Relations du prince de Crouy avec la cour papale et celle des Tuileries	147
Lettres de naturalisation données par le pape à mesdemoiselles de Crouy	148
Brevet de commandeur de l'ordre de Saint-Grégoire-le-Grand	149
Autorisation octroyée par l'Empereur au PRINCE de Crouy Chanel d'en porter les insignes	151
Les événements de 1848 à Rome (rôle qu'y remplit le prince de Crouy)	152
Acte de baptême de F. C. A. de Crouy-Chanel de Hongrie	153
M. de Hongrie, admis au service avec grade de colonel, à 21 ans (8 septembre 1816)	154
M. de Hongrie, membre de la députation du Dauphiné auprès du roi	154
Brevet de chevalier de Saint-Louis (1816)	156
Reconnaissance du droit héréditaire de porter la croix de Malte	158
Extrait de l'ouvrage d'Yvan Nagy	161
Traité du 1er mars 1279, entre noble, puissant et magnifique homme seigneur Félix de Hongrie et les habitants du château et mandement de Brastole, au sujet du droit de pâturage dans la forêt de Weyega, en Dalmatie	165
Acte de partage intervenu entre les seigneurs Félix et Marc	

	Pages
de Hongrie, fils du seigneur André dit *le Vénitien*......	172
Quittance réciproque entre le seigneur Félix de Hongrie dit *Crouy-Chanel*, et le seigneur Marc de Hongrie, co-seigneur de Crouy, son frère cadet (27 avril 1282).........	180
Donation faite, en 1234, au chapitre de Notre-Dame-d'Amiens............	184
Investiture et quittance des lods accordés à Guillaume Dedin, par dame Guigonne (1286)............	185
Jugement d'assises, rendu à Amiens en 1290............	187
Fondation faite par Marguerite de Sicile............	189
Obits de Félix de Hongrie et de Marc de Hongrie.........	190
Quittance d'Ambroisie de Commier, femme d'Antoine de Crouy-Chanel............	192
Reconnaissance en emphythéose en faveur d'Antoine de Crouy-Chanel............	194
Obit d'Antoine de Hongrie, dit *Chanel*............	198
Contrat de mariage de Pierre de Crouy-Chanel et d'Agnès de Sassenage............	199
Lettres de Lesdiguières. Brevet de capitaine. — Lettre d'éloges............	209
Jugement de la Chambre des Comptes du Dauphiné, en 1790............	212
Résumé............	221
Dernier mot............	225

FIN DE LA TABLE DES MATIÈRES.

EXTRAIT DU NUMÉRO DU 15 SEPTEMBRE

DU JOURNAL DE TURIN

LES NATIONALITÉS

« Chaque mouvement révolutionnaire a son hymne patrioti-
» que, et nous ne doutons pas que la splendide musique
» d'Adam ne soit appelée à trouver, dans les plaines de la
» Hongrie, les échos que la *Marseillaise* a réveillés dans
» toute l'Europe. »

LE CHANT DU RÉVEIL HONGROIS

PAROLES DE J.-P. LAGARDE (1)

Sur l'air d'Adolphe Adam : *Noël, Noël, voici le Rédempteur.*

I.

Hourah ! hourah ! Le despote de Vienne,
Hapsbourg, a dit : « Mon peuple est un troupeau
» Qu'il faut parquer. Or je veux qu'il contienne
» Dans l'unité dont j'ai forgé l'anneau ! »

---

(1) M. J. P. LAGARDE est un des vétérans de la presse démocratique dont le nom est cher aux patriotes français ; chez lui, le dévouement à la cause des peuples est une vertu de famille. Il a épousé la sœur de ce généreux écrivain, enlevé bien jeune

— Des comitats la réplique est parfaite :
« Le droit public s'affiche en plein soleil ;
» La liberté tôt ou tard se rachète ; »
Hourah ! hourah ! C'est le cri du réveil (*bis*).

II.

Hourah ! hourah ! Le despote de Vienne
De la Diète a méconnu la voix ;
Il avait dit : « Les fils de saint Etienne,
» Germanisés, ne seront plus Hongrois. »
— Des Magyars la réplique est parfaite :
« Le droit public s'affiche en plein soleil ;
» Peuple debout ! que le fer te rachète.....
» Hourah ! hourah ! C'est l'heure du réveil (*bis*).

III.

Hourah ! hourah ! « J'ai du bourreau de Vienne,
» Ajoute Hapsbourg, le concours permanent,
» Pour châtier des fils de saint Etienne
» Et la révolte et l'esprit turbulent. »
— Et les Hongrois braveront le supplice,
Leur droit public s'affiche en plein soleil !
La liberté naîtra du sacrifice,
Hourah ! hourah ! C'est le cri du réveil (*bis*).

---

encore aux lettres et à l'amitié, FONTAN, dont le souvenir restera comme une flétrissure pour les derniers jours du règne de Charles X.

FONTAN et MAGALLON, généreux patriotes, écrivains hardis et dévoués que les sbires de Charles X firent conduire à Poissy, *pour délit de presse*, enchaînés couple à couple avec des repris de justice et des hommes du bagne ! ! !

Cette cantate a déjà été reproduite, à notre connaissance, par le *Pilote de la Somme* et par divers journaux étrangers.

IV.

Hourah ! hourah ! Sus au pouvoir de Vienne !
Les nations sont sœurs dans le danger,
C'est un Arpad, un fils de saint Etienne,
Dont l'étendard doit chasser l'étranger !
Dieu le révèle à nos justes alarmes.
Hongrois, debout ! Prenez place au soleil ;
L'Europe entière, au brillant de vos armes,
Bénit le jour d'un aussi beau réveil (*bis*).

FIN.

www.ingramcontent.com/pod-product-compliance
Lightning Source LLC
Chambersburg PA
CBHW060127170426
43198CB00010B/1068